LA TORCHE BOULEVERSANTE

Volume 22 – Série 1

Donnez-leur vous-mêmes à manger

Avant-propos

C'est le propre de Jésus de demander à ses disciples
d'exécuter un ordre jugé supérieur à leur force. Il
n'attend que leur obéissance pour faire des exploits.
L'exemple est clair dans la Grande Commission. Il
ordonna aux apôtres de couvrir la planète avec son
message. Comment ? Le Saint-Esprit mobilisera des
pèlerins du monde entier vers la fête de la Pentecôte à
Jérusalem. Cinq mille d'entre eux crurent dans le Christ
ressuscité. De retour chez eux, ils propagèrent
l'Evangile dans leur milieu respectif. Voilà comment
sans bateau, sans avion, et sans un sou, les apôtres ont
pu satisfaire la dernière volonté du Seigneur. L'Afrique
allait en être écartée quand le ministre Ethiopien de la
reine de Candace crut à la Parole dans la bouche de
Philippe et alla, de ce train la répandre dans son pays.
Ac. 8 : 26-38
Aujourd'hui, nous prenons comme exemple le miracle
de la multiplication des pains où il va nourrir une grande
foule avec les moyens du bord. Si vous n'êtes pas trop
pressé, asseyez-vous un moment pour en avoir votre
portion. Certainement, Jésus ne tardera pas à vous
servir.

Révérend Renaut Pierre-Louis

Leçon 1
Nourrir le peuple avec les moyens du bord

Textes de base : Mc.6 :6-13 ; 30-44 ; Lu.9 :10 ; Ps. 78 :
24-25 ; Pr.31 : 4-7 ; Mt. 25 : 31-46 ; 28 :17-20 ; Jn.6 : 48 ;
10 :10 ; Ac.4 : 32-37
Texte à lire en classe : Mc.6 : 30-44
Verset de mémoire : Jésus leur répondit: Donnez-leur
vous-mêmes à manger. Mc. 6 : 37a
Méthodes : Discours, comparaisons, questions
But : Motiver l'Eglise vers l'action sociale intégrale.

Introduction
Il est facile de capituler devant une tâche impossible.
C'est là que Jésus va démontrer son expertise.

I. De quoi s'agissait 'il ?
1. Jésus invita les disciples à manger après avoir
   entendu leur rapport d'une mission locale.
   Mc. 6 : 30-31
2. Pour mieux jouir de leur repas dans l'intimité, ils
   traversèrent la Mer de Tibériade et firent voile
   pour le village de BethSaïda. Lu.9 :10
3. Peine perdue ! La grande foule était encore là
   jusqu'au soir. Alors, ils conseillèrent à Jésus de
   la renvoyer sous prétexte qu'il se fait tard et
   qu'elle doit elle-même se débrouiller pour vivre.
   Mc.6 : 35-36
4. Au contraire, Jésus leur dit : « Donnez-leur
   vous-mêmes à manger ». Mc. 6 :37

II. Commentons l'objection des disciples
1. Ils ont de quoi manger mais pas assez pour
   satisfaire une foule. Mc.6 :31

2. D'après eux, nourrir un peuple c'est l'affaire du gouvernement, de Pilate ou d'Hérode. Autrement qu'il noie sa misère dans la drogue. Pr.31 : 6-7

III. Quel était le plan de Jésus ?
1. Prouver que le Dieu qui avait donné la manne à Israël pendant quarante ans dans le Désert du Sinaï est encore le même qui va leur donner à manger maintenant. Ps.78 :24-25
2. Prouver qu'il est le pain de vie et qu'il donne la vie en abondance. Jn. 6 :48 ; 10 :10
3. Prouver que le gouvernement s'oblige à nourrir un peuple, parce que l'Eglise a négligé cet aspect de la Grande commission. Mt. 25 : 34-35; 28 :17-20 ; Ac.4 :32-37

Conclusion

Mettons nos faibles ressources au service du Seigneur. Certainement, dans l'éternité, il nous mettra à sa droite.

Question

1. Quand Jésus a-t-il invité les disciples à manger ? Après la présentation du rapport de leur mission locale

2. Quel lieu a-t-il choisi pour cela ? Bethsaida

3. Quel était l'obstacle à cette décision ? La foule était encore là à entendre le Seigneur.

4. Que lui proposaient les disciples ? De prier et de prononcer tout de suite la bénédiction.

5. Comment Jésus a-t-il réagi à cette proposition ?
    Il demanda aux disciples de les nourrir.

6. Quelle était l'opinion des disciples ?
    Nourrir un peuple c'est l'affaire du gouvernement.

7. Quel était le plan de Jésus ?
    a. Prouver qu'il est le même Dieu Providence qui donnait la manne dans le Désert.
    b. Prouver qu'il est le Pain de vie descendu du ciel
    c. Prouver que nourrir un peuple participe de la mission de l'Eglise.

8. Que nous suggère cette leçon ?
    De mettre nos faibles ressources au service de Jésus. Dans l'éternité, il nous mettra à sa droite

Leçon 2
Nourrir le peuple, un acte de foi

Textes de base : Jn.2 :1-10 ; Lu.5 :1-11 ; Jn. 1 : 4 ; 4 :4-14 ; 7 :37-39
Texte a lire en classe : Mc.6 :35-43
Verset de mémoire : Tous mangèrent et furent rassasiés, et l'on emporta douze paniers pleins de morceaux de pain et de ce qui restait des poissons. Mc.6 : 42-43
Méthodes : Discours, comparaisons, questions
But : Montrer que la limite de notre calcul humain ne peut limiter l'abondance divine.

Introduction
N'hésitez jamais quand Jésus vous demande de faire une chose impossible. Vous êtes à son école. Asseyez-vous et écoutez.

I. Il veut stimuler votre foi.
1. Il sait que vous avez un minimum. Lui il **a** et il **est** le maximum.
   a. Dans l'arithmétique terrestre, cinq et deux donnent sept ; mais dans l'arithmétique céleste ils égalent à *plus que suffisant.*
   b. Pour preuve, rappelez-vous du miracle de l'abondance de vin aux noces à Cana. Jn.2 : 6-9
   c. Tirez les oreilles à Pierre pour qu'il affirme combien de poissons sautaient dans son filet quand Jésus lui avait dit : « Avance en pleine eau ». Lu.5 : 4-6

d. Demandez à la femme samaritaine et elle
vous dira que Jésus a inondé son âme avec
une eau vive qui jaillit jusque dans la vie
éternelle. Jn. 4 :14

II. Il veut joindre le fini à l'infini
1. Il promet de faire couler des fleuves d'eau vive
du sein de ceux-là qui croient. Jn.7 :37-38
    a. Le lit des rivières ne garde jamais une eau
    courante. Autrement, elle deviendra
    stagnante pour produire des sangsues, des
    moustiques et engendrer de la maladie.
    b. Si une vie est bien connectée à celle de Jésus,
    elle deviendra une eau jaillissante pour
    revigorer ceux-là qui ont faim et soif de paix,
    de justice, de pardon et de vie. « En elle était
    la vie et la vie était la lumière des hommes. »
    Jn. 1 : 4

Conclusion
La faim est une urgence. Déboursez maintenant ! Jésus
a multiplié les réserves d'un enfant par celles du Père
céleste. Et vous mon frère, où sont vos réserves ?

Questions
1. Que faire à la demande de Jésus de faire une chose
impossible ? Obéir sans réplique.

2. Pourquoi ?
    a. Parce qu'il sait ce qu'il va faire.
    b. Parce qu'il veut stimuler notre foi.
    c. Il veut joindre le fini à l'infini.

3. Trouver la bonne réponse :
   a. Jésus a un grand dépôt de provisions alimentaires à Bethsaida.
   b. Il a des amis riches et généreux pour couvrir tous ses frais.
   c. Il veut prouver qu'il est le Dieu de l'abondance.

4. Vrai ou faux :
   a. En arithmétique cinq et deux font sept
      __ V __F
   b. Avec Jésus cinq et deux font « plus que suffisant » __V __F
   c. Avec la foi en Jésus on peut devenir une source de bénédiction. __V __ F
   d. Jésus multiplie tout ce qu'on lui donne
      __V __ F

Leçon 3
Les obstacles à la multiplication des pains

Textes de base : Mc.6 :30-44 ; Lu.9 :10 ; Jn.1 : 44 ;
6 : 9-11
Texte à lire en classe : Mc.6 :35-43
Verset de mémoire : Renvoie-les, afin qu'ils aillent
dans les campagnes et dans les villages des environs,
pour s'acheter de quoi manger.Mc.6 :36
Méthodes : Discours, comparaisons, questions
But : Montrer que notre égocentrisme justifie notre
pauvreté et rehausse la générosité du Dieu d'abondance.

Introduction
L'obligation faite aux disciples de donner à manger à
une foule immense est exagérée. Quels en sont les
obstacles à surmonter ?

I. De la part des disciples
1. Leur égocentrisme
   a. Aucun d'eux n'est disposé à contribuer ses
      maigres ressources pour nourrir des
      étrangers et des ingrats, des paresseux et des
      voleurs et des vodouisant, pensent-ils.
      Mc.6 :35-36
   b. Chacun a son budget. Ce problème ne les
      regarde pas.
2. Leurs excuses sont apparemment valables
   a. Il se fait tard. Mc.6 : 35
   b. Jésus lui-même leur avait offert un temps
      de congé. Mc.6 : 31
   c. La présence de cette foule insouciante est
      la raison d'être de Jésus mais pas la leur.
      Mc.6 :33

    d.   Tirer leur repas de leur sac en leur présence ne fera qu'exciter leur faim.

    e.   Les pains pour $200.00 ne suffiraient pas pour les contenter tous. Mc.6 :37

3. Ils veulent éviter un problème. Jésus veut éviter un échec. Le silence ou l'indifférence n'est pas une option.

    a.   A vouloir ignorer votre dette, elle deviendra plus accablante.

    b.   Votre maladie ? Elle deviendra aggravante.

    c.   Un conflit conjugal ? Il exposera le mariage au divorce.

    d.   Que faut-il faire enfin ?

II. Il faut l'intervention souveraine de Dieu

1. Le problème s'est posé à Bethsaïda, la résidence de Philippe, d'André et de Pierre. Lu. 9 :10 ; Jn.1 :44

2. Ils auraient pu avoir des connexions pour résoudre le problème. Jésus ne les oblige en rien. Il utilise le pain d'un enfant de préférence. Jn.6 : 9,11

Conclusion

Vos excuses sont inexcusables quand il s'agit de servir Dieu avec vos biens. Déboursez, s'il vous plait.

Questions

1. Qu'est-ce-qui empêchait les disciples de nourrir la foule ?
   Leur égocentrisme. Ils ne regardent qu'à leur budget.

2. Prouvez- le
   a. Il se fait tard. Il faut renvoyer la foule.
   b. Il est impossible de la contenter même avec des pains pour $200.00
   c. Ils veulent écarter un problème.

3. Comment Jésus voit-il la situation ? Il veut éviter un échec à sa mission.

4. Quelle leçon nous donne-il ?
   Ignorer un problème n'est pas le résoudre.

Leçon 4
Il se fait tard

Textes de base : Mc.6 : 35-44 ; 8 :3 ; Jn.9 :4 ;
Texte à lire en classe : Mc.6 : 35-44
Verset de mémoire : Comme l'heure était déjà avancée, ses disciples s'approchèrent de lui, et dirent: Ce lieu est désert, et l'heure est déjà avancée; renvoie-les, afin qu'ils aillent dans les campagnes et dans les villages des environs, pour s'acheter de quoi mangerMc.6 :35-36
Méthodes : Discours, comparaisons, questions
But : Montrer que les cas d'urgence bousculent tous les horaires et tous les protocoles.

Introduction
Faire à contretemps est vraiment déconcertant. Mais que dire des urgences ? Pourquoi venir avec un prétexte pour capituler ?

I. Les disciples avaient leurs préoccupations
1. C'était l'heure du diner en famille et non d'un « bouillon populaire ». Si Jésus était candidat, eux, ils n'étaient pas disposés à voter.
2. Physiquement abattus, ils viennent avec une solution facile. Mc. 6 :35-36

II. Jésus avait aussi ses préoccupations.
1. Plus on ajourne la solution à un problème plus grand sera le dommage. Nourrir la foule affamée à la fin du jour était pour lui une urgence : **Les forces leur manqueront en chemin. Les vieillards tout comme les enfants en seront les premières victimes.** Mc. 8 :3

2. L'opportunité perdue en ce seul jour pourrait compromettre l'avenir de plusieurs familles et pour jamais sa mission de Sauveur du monde.
3. Il se fait tard, c'est vrai, mais il n'est jamais trop tard pour bien faire.
   a. C'est un geste d'occasion, agissez, même s'il se fait tard ! Jn.9 :4
   b. Sachez que l'enthousiasme peut faire en un jour ce que la raison ne peut faire en cent ans.
   c. Le retard est constaté d'après votre montre dans **le temps**. La montre de Jésus contrôle l'éternité. Elle n'a qu'une aiguille : **l'opportunité**, il n'est donc pas trop tard.

Les cas de force majeure, y compris la faim, la maladie et la mort bousculent les heures. Même s'il se fait tard, Jésus les attend tous sur le rivage pour les nourrir. Il ne peut prétexter l'heure tardive quand il s'agit de les sauver.

Conclusion
Les excuses tombent devant les cas d'urgence. Sauvez les âmes à tout prix !

Questions

1. Dans la leçon, quelles étaient les préoccupations des disciples ?
    a. C'était l'heure du diner en famille et non d'un bouillon populaire.
    b. Physiquement abattus, ils sont plus enclins aux choses faciles.

2. Quelle était la préoccupation de Jésus ?
    Nourrir la foule à la fin du jour était pour lui un cas d'urgence.

3. Comment le savons-nous ?
    a. Il dit que les forces leur manqueront en chemin.
    b. L'opportunité perdue pourrait compromettre sa mission.
    c. Il n'est jamais trop tard pour bien faire.
    d. La montre de Jésus contrôle l'éternité, donc il n'est pas trop tard.

4. Quels sont les cas qui défient le temps ? Les cas de force majeure tels la mort, la maladie, les fléaux naturels.

5. Quel est le principe de Jésus ?
    a. Les excuses tombent devant les cas d'urgence.
    b. Il faut sauver les âmes à tout prix.

Leçon 5
Faites-les asseoir

Textes de base : Lam.3 :26 ; Mc. 6 :35-44 ; Jn.6 :11 ; 1Co.14 :33
Texte à lire en classe : Mc.6 : 35-44
Verset de mémoire : Il est bon d'attendre en silence Le secours de l'Éternel. Lam.3 :26
Méthodes : Discours, comparaisons, questions
But : Montrer qu'il faut attendre en silence le secours de l'Eternel.

Introduction
Enfin Jésus délivre le message espéré : « **Faites-les asseoir** ». Voyons-en les implications :

I. C'est une leçon de savoir-vivre.
1.Jésus ordonne aux disciples de les faire asseoir par rangées de cent et de cinquante. Même si tous ont faim, ce n'est pas une raison de bousculer personne. Mc.6 : 39-40
1. Il lui faut un contrôle exact des personnes servies.
2. Il veut rappeler à tous que notre Dieu est un Dieu d'ordre. **Il vous faut vous asseoir**. 1Co.14 :33
3. Il veut que tous soient témoins de ce miracle.
4. Ainsi il distribuera le pain seulement à ceux qui étaient assis, c'est-à-dire à **ceux qui avaient la foi pour attendre** le secours certain de l'Eternel. Lam.3 :26 ; Jn. 6 :11
5. Jésus va présenter à son Père les cinq pains et les deux poissons comme des échantillons.
   a. Pour signifier la nature de sa commande.

b. Pour faire appel à sa miséricorde quand la foule à nourrir excède la quantité disponible. Mc.6 :41

6. Les disciples doivent remplir le rôle de serveur pour donner la priorité aux visiteurs et aux invités. Ils ont faim comme tous, c'est vrai. Mais, **en leadership, il faut voir les besoins des autres avant les vôtres.**

II. Comment leur obéissance était-elle récompensée ?

1. Tous ont mangé en discipline et tous étaient satisfaits. Aucun incident fâcheux n'était enregistré. Mc.6 :42

2. Douze paniers excédentaires étaient mis en réserve après que tous eussent été rassasiés. Mc.6 :42-43

Conclusion

La prochaine fois que vous organisez un festin, prenez ce passage comme un aide-mémoire de Jésus sur **Les Bonnes Manières.** Croyez-moi, vous en serez satisfaits et récompensés.

Questions

1. Pourquoi Jésus demande-t-il aux disciples de faire asseoir la foule ?
    a. Pour un contrôle exact des gens à servir.
    b. Pour nous rappeler qu'il est un Dieu d'ordre.
    c. Pour situer l'étendue du miracle qu'il va accomplir.
    d. Pour servir d'abord les hommes de foi.

2. Que représentent les cinq pains et les deux poissons ?
    a. Des échantillons de sa demande
    b. La limite de ses moyens devant le Dieu sans limite

3. Quel élément de leadership a-t-il accentué ?
    La priorité aux invités et aux visiteurs.

4. Comment l'obéissance de la foule était-elle récompensée ?
    a. Tous ont mangé paisiblement.
    b. Tous sont satisfaits.
    c. On avait du superflu.

Leçon 6
Faites-les asseoir par rangées de cent et de cinquante.

Textes de base : Ps. 23 : 4 ; 46 :1 ; Je.1 :4 ; Mt. 10 : 30 ;
25 :34 ; Mc.6 :37 ; 8 :3 ; Jn.10 :28 ; 14 :3 ; Ap.21 : 10
Texte à lire en classe : Lu.9 :10-15
Verset de mémoire : Et même les cheveux de votre
tête sont tous comptés. Mt.10 :30
Méthodes : Discours, comparaisons, questions
But : Faire savoir à tous que Dieu nous compte dans
son registre de comptabilité et dans son registre de paye.

Introduction
Ce n'est pas la première fois que Dieu me compte.

I. Faisons la décompte.
1. Dieu me compte déjà sept fois.
    a. La première fois c'est quand il a décidé de
        m'introduire sur la Planète. Jé. 1 :5
    b. La deuxième fois c'est pour me nourrir.
        Mc.6 : 39-40
    c. La troisième fois c'est pour compter les
        cheveux de ma tête. Mt.10 :30
    d. La quatrième fois c'est pour me compter
        parmi les sauvés. Jn.10 :28
    e. La cinquième fois c'est pour m'assister dans
        mes détresses, dans mes maladies et même
        dans la vallée de l'ombre de la mort.
        Ps. 23 : 4 ; 46 :1
    f. La sixième fois sera pour m'accueillir comme
        le béni de son Père. Mt. 25 : 34 Ap. 21 : 10

g. La septième fois c'est pour confirmer ma place à ses côtés dans le ciel. Jn.14 :3

II. La philosophie de Jésus-Christ

Avec leur pitié, les disciples refusent de contribuer même un dollar pour sauver le peuple.

Avec sa sagesse :

1. Jésus fait naitre l'espoir dans le cœur de l'homme : « **Faites-les asseoir** »
2. Il défend les intérêts des minorités. Mc.8 :3
3. Il sert les malheureux **à table**, avec respect et dignité. Ps. 23 : 5
4. Il prouve qu'il est le bon berger pour nous faire **reposer** dans de verts pâturages. Ps.23 :2
5. Il attaque les problèmes urgents non avec des discours mais par l'action.Mc.6 :37
6. Il nous porte à nous dépendre totalement de lui pour notre avenir. Mc.6 :41

Conclusion.

Qu'attendez-vous pour vous asseoir et recevoir ses bénédictions ?

Questions

1. Précisez dans la leçon combien de fois Dieu m'a compté. Sept fois

2. Citez-en au moins quatre.
    a. A l'heure de ma naissance,
    b. A l'heure de me nourrir,
    c. A l'heure de ma conversion,
    d. A l'heure de m'accueillir dans son royaume.

3. Qu'est-ce-qui fait naitre l'espoir dans le cœur des gens ? Jésus disait « Faites-les asseoir. »

4. Comment expliquer la sagesse de Jésus ?
    a. Il les fait asseoir.
    b. Il sert les malheureux avec dignité.
    c. Il prouve qu'il est le bon berger pour nous faire reposer.
    d. Il attaque les problèmes par l'action.
    e. Il nous porte à dépendre de lui pour notre avenir.

5. Vrai ou faux :
    a. Jésus sert d'abord ceux qui doivent laisser tout de suite ___ V___ F
    b. Il demande qu'on retire d'abord un plat pour Marie, sa mère et huit plats pour ses frères et sœurs. ___ V ___F
    c. Jésus traite tout le monde sans parti pris. ___ V ___ F

Leçon 7
Conditions sine qua non pour nourrir la foule.

Textes de base : Ps. 41 :1 ; 136 : 25 ; Mc. 8 : 1-7 ; Mt. 4 :3 ; Lu. 5 : 20 ; 6 : 35 ; Jn. 3 :16 ; 14 :27 ; 1Pi.1 :17-19 ; 1Jn.3 :17
Texte à lire en classe : Mc.8 :3
Verset de mémoire : Si quelqu'un possède les biens du monde, et que, voyant son frère dans le besoin, il lui ferme ses entrailles, comment l'amour de Dieu demeure-t-il en lui? 1Jn.3 :17
Méthodes : Discours, comparaisons, questions
But : Démontrer que les discours politiques ne nourrissent pas le peuple. Ils attendent le pain.

Introduction
Savez-vous que les promesses ne nourrissent pas les masses ? Jésus vient avec un seul slogan : LA COMPASSION

I.   Qu'est-ce-que la compassion ?
Ce n'est pas la pitié qui déplore le problème et en reste là ; C'est au contraire un mouvement du cœur pour le résoudre. 1Jn.3 :17

II.   Comment Jésus montre-t-il sa compassion ?
1.   Sans aucune discrimination, il nourrit même les ingrats et les méchants car sa miséricorde dure à toujours. Ps. 136 : 25 ; Lu.6 : 35b
2.   Il offre la grâce, le pardon, et la paix à tous. Lu.5 :20 ; Jn.14 :27

Inutile d'inventer un Vaccin Pour Sauver Le
Monde, Le Sang De Jésus Sur La Croix Du
Calvaire Suffit. 1Pi.1 :18-19
Car Dieu a tant de compassion pour le monde,
qu'il a donné son Fils Unique, afin que
quiconque croit en lui ne périsse point mais qu'il
ait la vie éternelle. Jn.3 :16

III. La seule logique qui compte c'est d'agir avec réalisme

1. Satan le Diable est réaliste ; il sait qu'on doit manger.
   Après les quarante jours de jeûnes et de prières du Seigneur, il n'offrit pas à Jésus un CD, un ticket d'avion ou un diplôme, mais à manger. Mt. 4 : 3
2. Jésus est aussi réaliste. Il invite les disciples à agir sans délai : « Les forces leur manqueront en chemin. Ils peuvent « succomber ». Mc.8 :3

Conclusion

Le jour du malheur arrive ; **c'est certain** ; mais Dieu vous délivrera à cause de votre compassion pour les pauvres. Ce sera votre compte d'épargne à la banque céleste. Elle produira. C'est certain. Ps. 41 :1

Questions

1. Choisissez ce qui peut nourrir un peuple :
   __ Les promesses
   __ Les kermesses
   __ La compassion

2. Définissez la compassion. Un mouvement du cœur pour résoudre le problème

3. Comment Jésus manifeste-t-il la compassion ?
   a. Il nourrit même les ingrats et les méchants.
   b. Il offre la paix, la grâce le pardon et la paix à tous.

4. Quel est le plus puissant vaccin pour sauver le monde ? Le sang de Jésus-Christ.

5. Pourquoi disons-nous que le Diable est réaliste ? Il sait qu'on doit manger.

6. Pourquoi disons-nous que Jésus est réaliste ? Il invite les disciples à agir sans délai.

7. Que représentent les dépenses faites de bon cœur aux pauvres ? Votre compte d'Epargne dans le ciel

Leçon 8
Donner à manger même quand vous n'en avez pas

Textes de base : Mt.14 : 13-21 ; Mc. 6 : 49-52 ;
Lu.4 :38-39 ; Jn. 1 :3 ; 10 :10 ; 7 :37-38 ; 16 : 28-30
Texte à lire en classe : Mal.3 :10-11
Verset de mémoire : Celui qui donne la nourriture à
toute chair, Car sa miséricorde dure à toujours!
Ps. 136 :25
Méthodes : Discours, comparaisons, questions
But : Montrer que vos réserves finissent exactement là
où l'abondance de Dieu commence.

Introduction
Quand vous entrez dans un milieu sans avoir personne
pour vous introduire, identifie-vous par votre
compétence.

I. Quelle était la situation ?
Jésus traversa la mer de Tibériade en direction de
Bethsaïda, en hébreu « *Maison De Pêche* ».
Aujourd'hui, devant une foule affamée à nourrir, la
Maison De Pêche n'avait pas de poisson.

II. Ce qu'il nous faut retenir :
1. Jésus a réalisé ce miracle non pas avec la
coopération des disciples mais **avec celle d'un
enfant**. Ils méritent tous d'être reproché.
Pourquoi ?:
a. Il a guéri la Belle-mère de Pierre.
Lu. 4 : 38-39
b. Il a épargné aux disciples toutes dépenses
pour le pain, pour les vêtements et pour le
logement pendant des mois ! Et nul d'entre

eux n'était disposé à contribuer pour un cas urgent !
2. Marc vous dira pourquoi: c'est **parce que leur cœur était endurci. Mc 6 :49-52**

III. Ce qu'il nous faut en déduire :
1. **Ces disciples étaient baptisés. Jésus les avait admis dans son séminaire pour trois ans d'étude, mais hélas ! ils n'étaient convertis que seulement environ quinze heures de temps** avant la crucifixion du Seigneur. Jn. 16 :28-30
2. Ils étaient donc disqualifiés pour ce miracle car seulement celui qui croit en Christ pourra voir des fleuves d'eaux vives couler de son sein. Jn.7 :37

IV. La réaction de Jésus
1. Leur incrédulité ne définit pas l'identité du Seigneur. Il a tout créé. Il est le Dieu souverain et il va le démontrer. Jn.1 : 3
2. Leur égocentrisme non plus n'a pas anéanti sa générosité providentielle. Jn.10 :10

Conclusion
Contribuer dans une œuvre sociale est un privilège. Saisissez-en l'occasion.

Questions

1. Que faire quand dans un milieu vous n'avez personne pour vous introduire ? Introduisez-vous vous-même par votre compétence.

2. Que veut dire Bethsaïda en hébreux ? Maison de pêche

3. Pourquoi les disciples méritent-ils d'être reprochés ?
    a. Jésus a guéri la belle-mère de Pierre.
    b. Il a assumé leurs dépenses personnelles pendant des mois.
    c. Nul d'entre eux n'étaient disposés à débourser pour un cas urgent.

4. Pourquoi refusaient-ils de coopérer ?
    b. Ils ne croyaient pas en Jésus.
    c. Leur cœur était endurci.

5. Que faut-il en déduire ?
    Le baptême et la connaissance de la Bible ne changent le cœur de personne.

6. Quelle était la position de Jésus face à leur incrédulité ?
    Il agit d'après sa souveraineté et sa générosité.

Leçon 9
Conditions pour l'opération de ce miracle

Textes de base : Ps.136 :25 ; Es. 55 :1-3 ; Mc.6 :34 ;
Ep.2 :8 ; Ja.1 :17
Texte à lire en classe : Ps.136 : 17-26
Verset de mémoire : Or, à celui qui peut faire, par la
puissance qui agit en nous, infiniment au-delà de tout ce
que nous demandons ou pensons, à lui soit la gloire dans
l'Église et en Jésus Christ, dans toutes les générations,
aux siècles des siècles ! Amen ! Ep.3 :20
Méthodes : Discours, comparaisons, questions
But : Montrer que tout miracle de Dieu exige votre
contribution.

Introduction
Jésus n'a jamais fait une démonstration spectaculaire
pour impressionner personne. S'il fait son intervention,
c'est certain que les conditions d'opération étaient
remplies. Voyons-les :
I.   **Il faut un vrai besoin.**
      La foule, comme des brebis sans berger,
      l'accompagnait toute la journée et va retourner sans
      souper. Il faut qu'elle mange. Mc.6 : 34

II.   **Il faut trois Personnes impliquées :**
      1. **Le Dieu Providence** : celui qui donne la
          nourriture à toute chair. Ps.136 : 25
      2. **Jésus l'entrepreneur** par qui tout doit passer
          avant de nous parvenir. Jn. 14 :14
      3. **L'homme le bénéficiaire** de toute grâce et de
          tout don parfait. Ja.1 :17

III. Il faut une quantité inespérée

Cette quantité est indéfinissable car la foule est incapable de mesurer la grandeur de son besoin. Elle doit dépendre de la grâce et de la miséricorde de Dieu. Ep.2 :8

Cette quantité doit être au-delà de nos prévisions. Ep.3 :20

Voilà où Jésus va intervenir pour que sa prière multiplie les pains et les poissons. Mc.6 :41

IV. Il faut un message qui demeure

1. Les disciples voient les obstacles, Jésus voit le miracle. Les disciples voient leur budget, Jésus voit un projet.

2. En leur disant « donnez-leur vous-mêmes à manger », il les avait mis devant un fait accompli pour interroger leur conscience. Mc. 6 :37

3. Que les chrétiens sachent que Jésus n'a jamais fait un miracle sans la participation du miraculé. Que ceux qui refusent de contribuer sachent aussi qu'avec eux ou sans eux, Jésus agira avec sa miséricorde. Ge.43 :29

Conclusion

Donner au nom de Jésus est un investissement garanti. C'est une avance sur les bénédictions à venir. Donnez !

Questions

1. Quelles sont les quatre conditions remplies pour l'opération de ce miracle ?
   a. Un vrai besoin.
   b. Une participation trinitaire
   c. Une quantité inespérée
   d. Un message qui demeure.

2. Quel était le besoin ?
   La foule suivait Jésus pendant toute une journée. Elle avait grand faim.

3. Quelles sont les trois personnes impliquées ?
   Le Dieu Providence, Jésus le médiateur et l'homme le bénéficiaire.

4. Quelle est la quantité de pain nécessaire ?
   Indéfinissable ; elle dépend de la miséricorde de Dieu.

5. Quel était le but de Jésus?
   Délivrer un message qui demeure.

6. Vrai ou faux
   a. Quand les chrétiens ne contribuent pas, il faut les critiquer. __ V __ F
   b. Quand des chrétiens ne contribuent pas, le ciel pourvoit. __ V __F
   c. Contribuer est un privilège __ V __ F
   d. Certains viennent à l'Eglise pour recevoir mais pas pour donner. __V __ F

Leçon 10
Que faire pour devancer Jésus ?

Textes de base : Es.55 : 1-5 ; Mc. 6 :12-44 ; Jn.7 : 46
Texte à lire en classe : Es. 55 : 1-5
Verset de mémoire : Vous tous qui avez soif, venez aux eaux, Même celui qui n'a pas d'argent! Venez, achetez et mangez, Venez, achetez du vin et du lait, sans argent, sans rien payer! Es. 55 :1
Méthodes : Discours, comparaisons, questions
But : Montrer comment la foi en Jésus anticipe les bénédictions.

Introduction
Une vidéo captivante : Des gens de toutes les villes accoururent pour devancer l'équipe de Jésus au lieu où elle se rendait : Demandez-moi pourquoi :
I.   **Ils avaient un intérêt né et actuel.**
   1.   Jésus voguait tout droit de Tibériade vers Bethsaïda tandis que les pèlerins devaient marcher pour contourner la plage. Mc.6 :33
   2.   Le trajet est plus long et plus ardu étant donné que le sable du rivage ralentissait leur marche.
   3.   Ils s'y résignèrent
      a.   Pour certains, c'était leur seule chance de rencontrer Jésus.
      b.   Les bénédictions à recevoir étaient gratuites et elles sont incomparables. L'argent ne peut les acheter sur le marché concurrentiel. Es.55 :1

    c.   Les messages du Seigneur étaient incomparables aux discours politiques de Pilate ou aux harangues de Hérode. Jn. 7 : 46

    d.   Ils étaient aussi incomparables aux rites et aux cérémonies des Lévites avec une religion qui ne peut satisfaire.

II. Ils sont déterminés

1. Ils se débarrassèrent certainement de toutes les entraves à leur élan. (Livres de magie, les amis intimes, les jeux…) Ils mettèrent de côté leur agenda.

2. L'urgence était telle qu'aucune règle de protocole n'était exercée ni de courtoisie non plus, car tout le monde voulait voir Jésus.

3. Etant loin de leur maison, partant, loin de tout confort, ils étaient obligés de tromper leur fatigue, de fermer les yeux sur leur préjugé et la discrimination car les faveurs de Jésus étaient gratuites. Es. 55 : 1

III. Il leur faut la foi absolue en Jésus.

Ils n'offrirent aucune résistance aux disciples qui leur demandaient de s'asseoir sur l'herbe.

Conclusion

Est-ce avec cet empressement que vous voulez voir Jésus ?

Questions

1. Pourquoi les gens ont-ils contourné la plage pour devancer Jésus ? Ils avaient un intérêt né et actuel.

2. Quel intérêt ?
   a. Pour certains, c'était leur seule chance de rencontrer Jésus. Ils venaient de très loin.
   b. Les bénédictions qu'ils allaient recevoir étaient gratuites.
   c. Ils étaient fatigués de la religion.
   d. Ils avaient soif d'entendre les messages de Jésus.

3. Imaginez ce qu'ils devaient sacrifier pour bénéficier de cette rencontre ?
   a. Leur programme, leurs amis intimes, leurs livres de magie et leurs loisirs.
   b. Ils firent table rase de toutes les règles de protocole. Ils étaient tous d'accord à s'asseoir par terre.

4. Trouvez la bonne réponse.
   Pour devancer Jésus, il faut :
   a. Un drone
   b. Un bateau de croisière
   c. Se débarrasser de tout.

5. Trouvez la meilleure réponse :
   La meilleure facon de rencontrer Jésus est d'aller :
   a. Dans les réseaux sociaux
   b. Dans les grandes Eglises
   c. Dans la Bible, la Parole de Dieu

Leçon 11
Pourquoi l'accent mis seulement sur la multiplication des pains ?

Textes de base : Es. 53 : 3-7 ; Mt. 17 :21 ; 28 :19-20 ;
Lu. 13 : 21 ; Jn. 5 :39-40 ; 6 :47-52 ; 16 : 8
Texte à lire en classe : Jn.6 : 47-59
Verset de mémoire : Je suis le pain de vie.Jn.6 : 48
Méthodes : Discours, comparaisons, questions
But : Montrer comment Jésus voulut mettre l'accent sur son identité comme le Messie souffrant.

Introduction
Une question pertinente : Pourquoi, dans ce miracle, on ne parle que de la multiplication des pains?

I. Jésus voulut mettre l'accent sur son identité.
1. Il n'a jamais dit : « **Je suis le poisson de vie** ».
2. Avant d'être un pain, le blé est séché, criblé, tamisé, vanné pour obtenir la farine.
   La pâte sera préparée avec de l'eau, du sel, de l'huile et broyée au pétrin, puis mise au four.

II. Jésus met l'accent sur sa mission divine : il est le Pain de Vie qui doit être mondialement distribué pour le salut de plusieurs. Jn.6 :48
1. Comme le blé, il a été criblé aux critiques, humilié en public, pétri d'injures, couronné d'épines, en résumé il est : L'Homme de douleur, habitué à la souffrance. Es. 53 : 3

III. Par la multiplication des poissons, Jésus met l'accent sur notre mission.

1. Les poissons ne viendront jamais d'eux-mêmes dans notre cuisine. Il nous faut nous équiper pour aller et les pêcher.

2. Les âmes perdues ne viendront pas d'elles-mêmes au Seigneur. Pour les évangéliser, il nous faudra :
   a. Connaitre Jésus et sa Parole ; Jn.5 :39
   b. Connaitre la culture et la langue parlée du peuple à évangéliser. Lu.13 :21
   c. Un bon témoignage joint à une vie de jeûne et de prière. Mt. 17 :21
   d. Le Saint Esprit pour les convaincre de péché. Jn. 16 :8

3. Les deux poissons sont d'abord **les païens dans l'eau salée du monde** et ensuite **les enfants de la promesse dans l'eau douce de l'Eglise**. Il nous faut les pêcher tous. Mt.28 :19-20

Conclusion

Jésus a accompli son œuvre. Sommes-nous prêts à accomplir la nôtre ?

Questions

1. Pourquoi dans ce miracle met-on l'accent sur la multiplication des pains ?
   Jésus a voulu mettre l'accent sur son identité et sur sa mission divine.

2. Justifiez :
   a. Il n'a jamais dit « Je suis le poisson de vie »
   b. Avant d'être pain, le blé était séché, criblé, tamisé, vanné, pulvérisé.
   c. Il devait passer au pétrin puis au feu pour devenir pain.

3. Quel est le message tiré de la multiplication des poissons ? Jésus met l'accent sur notre mission.

4. Justifiez :
   a. Le poisson ne viendra jamais de lui-même dans notre cuisine. Il faut aller et le pêcher.
   b. Nous devons aller et évangéliser.

5. Quels sont les moyens à déployer pour ce ministère ?
   Il faut
   a. Connaitre Jésus comme Sauveur Personnel.
   b. Connaitre la langue, la culture des gens.
   c. Avoir un bon témoignage.
   d. Mener une vie de jeûne et de prière.

6. Que représentent les deux poissons ?
   a. Les poissons de mer représentent les païens dans le monde.
   b. Les poissons d'eau douce représentent les enfants de la promesse dans l'Eglise.
   c. Ils représentent tous l'étendue de notre mission

Leçon 12
Le Pain Vivant qui est descendu du ciel

Textes de base : Ps. 23 :6 ; Jn. 3 :16 ; 6 : 31-57 ; 11 :25-26 ; Ap.1 :18
Texte à lire en classe : Ep.1 :1-6
Verset de mémoire : C'est ici le pain qui descend du ciel, afin que celui qui en mange ne meure point.Jn.6 :50
Méthodes : Discours, comparaisons, questions
But : Déclarer symboliquement son identité divine.

Introduction
Jésus dit : « Je suis le Pain de Vie ». Quelle manière étrange de s'introduire ! De préférence, prêtez attention :

I. **Il est spécial**
1. Par son origine : Il vient du ciel. Jn.6 :32
2. Par son essence : Il est le pain vivant, un aliment complet et **puisqu'il vient du ciel, il est éternel.** Jn.6 : 33
3. Par sa portée : Si vous acceptez de le manger, vous recevrez en vous la vie éternelle. Jn.6 : 35

II. **Comment l'obtenir ?**
1. Il faut avoir été attiré et sélectionné par le Père depuis avant la fondation du monde.
Jn.6 : 44 ; Ep.1 : 4-5
2. Il faut « Manger la chair de Christ et boire son sang » Jn.6 :56
   a. Cette expression signifie que vous avez engagé votre foi dans le sacrifice de l'agneau immolé à votre place pour votre salut.

b. Que vous acceptiez la décision prévisionnelle de Dieu de pourvoir à l'homme un parachute avant sa chute. Jn.3 :16

III. Résultats
Christ agira dans tout votre système. Vous aurez avec lui et avec son Père le même DNA. Jn.6 : 57
1. Le ciel ne sera plus pour vous un mystère. C'est votre demeure. Ps.23 :6
2. Jésus qui est la résurrection et la vie, mettra la mort en état d'arrestation pour vous ressusciter au dernier jour. Jn.11 :25-26 ; Ap.1 :18

Conclusion
Jésus est la vraie manne descendue du ciel. En la recevant dans votre vie, vous aurez automatiquement le droit d'entrer dans le Canaan céleste. Voulez-vous appliquer pour l'avoir ? Le rendez-vous est à la croix du Calvaire. Venez. Venez maintenant.

Questions

1. Pourquoi Jésus dit-il qu'il et le Pain vivant ?
   a. Il vient du ciel, partant il est éternel.
   b. Si vous le mangez, vous avez la vie éternelle.

2. Comment l'obtenir ?
   a. Il faut avoir été sélectionné par le Père depuis avant la fondation du monde.
   b. Il faut manger le corps et boire le sang de Jésus-Christ.

3. Que veut dire manger et boire le sang de Jésus-Christ ?
    Engager votre foi dans le sacrifice de l'agneau immolé à votre place pour votre salut.

4. Qu'arrive-t-il quand on accepte de manger le corps et boire le sang de Jésus-Christ ?
    a. Christ agira dans tout votre système.
    b. Vous aurez avec lui le même DNA qu'avec son Père.
    c. Le ciel ne sera plus pour vous un mystère.
    d. La mort n'aura plus de pouvoir sur vous.

5. Vrai ou faux
    a. Le christianisme est une religion de cannibale. __V __F
    b. Jésus est mort pour lui-même et non pour moi. __V__F
    c. Jésus mourut à ma place pour me donner la vie. __ V__ F
    d. Le raisonnement humain mène à l'homme __V __F
    e. La foi en Dieu mène à Dieu. __ V __ F

Récapitulation des versets

1. Jésus leur répondit: Donnez-leur vous-mêmes à manger. Mais ils lui dirent: Irions-nous acheter des pains pour deux cents deniers, et leur donnerions-nous à manger? Mc.6 :37

2. Tous mangèrent et furent rassasiés, et l'on emporta douze paniers pleins de morceaux de pain et de ce qui restait des poissons. Mc. 6 :42-43

3. Renvoie-les, afin qu'ils aillent dans les campagnes et dans les villages des environs, pour s'acheter de quoi manger. Mc. 6 :36

4. Comme l'heure était déjà avancée, ses disciples s'approchèrent de lui, et dirent: Ce lieu est désert, et l'heure est déjà avancée; renvoie-les, afin qu'ils aillent dans les campagnes et dans les villages des environs, pour s'acheter de quoi manger. Mc.6 »35-36

5. Il est bon d'attendre en silence Le secours de l'Éternel. Lam.3 :26

6. Et même les cheveux de votre tête sont tous comptés Mt. 10 :30

7. Si quelqu'un possède les biens du monde, et que, voyant son frère dans le besoin, il lui ferme ses entrailles, comment l'amour de Dieu demeure-t-il en lui? 1Jn.3 :17

8. Celui qui donne la nourriture à toute chair, Car sa miséricorde dure à toujours! Ps. 136 :25

9. Or, à celui qui peut faire, par la puissance qui agit en nous, infiniment au delà de tout ce que nous demandons ou pensons, Ep.3 :20

10. Vous tous qui avez soif, venez aux eaux, Même celui qui n'a pas d'argent! Venez, achetez et mangez, Venez, achetez du vin et du lait, sans argent, sans rien payer! Es.55 :1

11. Je suis le pain de vie Jn 6 :48

12. C'est ici le pain qui descend du ciel, afin que celui qui en mange ne meure point.. Jn.6 :50

Feuille d'évaluation

1. Quelle partie de ces 12 leçons vous a le plus touché?
   a. Pour vous-même ? _____
   b. Pour votre famille? _____
   c. Pour votre Eglise? _____
   d. Pour votre pays? _____

2. Quelle est votre décision immédiatement après la classe?
   _____

3. Quelles sont vos suggestions pour l'Ecole du Dimanche :
   a._____
   b._____
   c._____

4. Questions purement personnelles :
   a. Quelle est ma contribution pour le développement de cette Eglise?
      _____

   b. Quel effort ai-je fait jusqu'ici pour améliorer sa condition?
      _____

   c. Si Jésus vient maintenant, sera-t-il fier de mes œuvres ? _____

LA TORCHE BOULEVERSANTE

Volume 22 – Série 2

LE PREMIER PAS QUI COMPTE

Avant-propos

Que c'est beau de camper sur le rivage pour admirer l'Océan ! Mais à quoi cela rime pour le pêcheur, pour l'explorateur ou le voyageur s'ils ne dominent pas la mer pour atteindre leur but ? Voilà d'où vient l'obligation d'une décision. Point de tergiversation ! C'est le premier pas qui coute. C'est aussi le premier pas qui compte. Voulez-vous l'essayer ?

Pasteur Renaut Pierre-Louis

Leçon 1
Le premier pas d'Abraham

Textes de base : Ge. 12 :1-3 ; 17 :1 ; 13 :1-2 ; 22 :2 ;
Jé. 29 :11-13 ; Lu.16 :22
Texte à lire en classe : Ge. 12 »1-3
Verset de mémoire : Je ferai de toi une grande nation,
et je te bénirai; je rendrai ton nom grand, et tu seras une
source de bénédiction. Ge. 12 :2
Méthodes : Discours, comparaisons, questions
But : Montrer que l'obéissance est le pas de la foi que
Dieu récompense.

Introduction
Toutes les réalisations divines ou humaines sont les
produits d'une décision. Abraham va en prendre une et
nous allons voir son aboutissement.

I. **Comment s'est-il décidé ?**
    1. Il a dû certainement réfléchir sur les bons et les
        mauvais côtés de sa religion polythéiste. Si un
        effet ne peut produire une cause, un objet ne
        peut non plus produire son auteur. Un soulier
        ne peut produire un cordonnier. Une montre
        ne peut produire un horloger. D'où, une idole
        ne peut produire Dieu.
    2. Abraham se décida à rechercher le vrai Dieu, la
        cause première de toute chose. Ainsi, ce Dieu
        doit-il exister et se révéler. Jé. 29 :13

II. **Comment a eu lieu cette révélation ?**
    1. Elle était graduelle :

a. L'Eternel lui demanda de laisser son pays, sa famille, sa patrie pour le suivre à destination inconnue. Ge. 12 : 1
De ce fait, il doit renoncer à sa famille, à sa culture et à sa citoyenneté chaldéenne pour obéir à la voix de ce nouveau Dieu.

b. Ce Dieu promit de faire de lui une grande nation. Ge.12 :1

c. Plus tard, il se révèlera à lui sous son nom El-Shaddai. Ge.17 :1

d. Il lui donnera un enfant et il lui demandera de le lui sacrifier ensuite. C'était pour lui apprendre à regarder au donateur avant le don. Ge.22 : 2

III. Quel en fut le résultat ?

1. Dieu l'a enrichi. Ge.13 :1-2
2. Des nations sont sorties de ses reins. Ge.12 :2
3. Son nom demeure jusque dans l'éternité. Lu.16 : 22

Conclusion

Abraham avait accepté de faire le premier pas. C'était le pas de la foi. Accepterez-vous d'en faire de même ?

Questions

1. Pourquoi Abraham était-il à la recherche du vrai Dieu ?
   a. Parce que la cause précède l'effet.
   b.Comme le soulier ne peut produire un cordonnier, de même une idole ne peut produire Dieu.

2. Comment a eu lieu la révélation du vrai Dieu à Abraham ? Elle était graduelle.

3. Quels furent les résultats de sa foi en Dieu ?
   a. Dieu l'a enrichi.
   b. Des nations sont sorties de ses reins.
   c. Son nom demeure dans l'éternité.

4. Quel a été le pas qui coutait à Abraham ?
   Il devait laisser son pays, sa famille, sa patrie pour suivre un autre Dieu.

5. Comment appelons-nous ce pas ? Le pas de la foi

Leçon 2
Le premier pas de Rebecca

Textes de base : Ge. 24 : 1-67 ; 25 :24-26
Texte à lire en classe : Ge. 24 : 49-58
Verset de mémoire : A celui qui est ferme dans ses sentiments Tu assures la paix, la paix, Parce qu'il se confie en toi. Es. 26 :3
Méthodes : Discours, comparaisons, questions
But : Montrer comment une décision prise en accord avec les parents garantit la survie du mariage.

Introduction
Généralement, toute jeune fille rêve d'un foyer et des enfants. Cette aspiration deviendra une réalité à la faveur d'une rencontre où le cœur et la raison se donnent rendez-vous. Entrons maintenant dans la maison de Bethuel.

I. Rebecca, sa fille unique était bergère.
1. Au bord du puits, où elle allait puiser de l'eau, elle rencontra un étranger : c'était l'intendant d'Abraham qui lui demandait à boire. Ge. 24 : 17-20
   a. L'empressement de Rebecca à le servir, constituait la réponse à sa prière. Ge. 24 :13-14
   b. La jeune fille était très ouverte et très hospitalière. Ge. 24 : 24-25
   c. Elle ne cacha rien à ses parents et elle leur montra les cadeaux reçus de la main de l'étranger. Ge. 24 : 28, 30

2. Elle prêta attention au message de Dieu dans la bouche de l'intendant d'Abraham. Ge. 24 :42-49

3. Elle obtint l'agrément de ses parents et donna ensuite son consentement au messager d'Abraham. Ge. 24 :51, 58

II. Les résultats

1. Le oui décisionnel donné à l'intendant d'Abraham l'a amenée aux résultats suivants :

   a. Elle va se marier avec un homme élevé et encadré par deux familles qui se connaissent. Ge. 24 : 15, 38

   b. Elle donnera naissance à deux jumeaux, Esau et Jacob., les futurs pères de plusieurs nations. Ge. 25 : 24-26

Conclusion

Jeune fille allez-vous hésiter devant le choix d'un homme que Dieu vous envoie ? Sachez que « Qui ne risque rien n'a rien et n'est rien ». Avec Dieu, prenez le risque de la foi. C'est le premier pas qui compte.

Questions

1. Qui était Rebecca ?
   Elle était bergère et fille unique de Béthuel.

2. Qui rencontra-t-elle au bord du puits ?
   Un étranger, l'intendant d'Abraham

3. Qu'est-ce-qui a changé sa destinée ? Sa
   décision de suivre l'étranger pour son mariage.

4. Pourquoi disons-nous que sa décision était
   calculée ?
   Elle a acquiescé après le consentement de ses
   parents.

5. Choisissez la meilleure réponse.
   a. Une jeune fille doit sauter sur la première
      occasion pour se marier.
   b. Une jeune fille doit faire un mariage d'essai
      avant de s'engager définitivement.
   c. Une jeune fille doit suivre les instructions
      de ses parents avant de s'engager.
   d. Une jeune fille doit rechercher à connaitre
      la volonté de Dieu avant de s'engager.

Leçon 3
Le pas de Josué

Textes de base : Jos.9 : 1-27 ; 10 :4-14 ; Ro. 12 :21 ;
Texte à lire en classe : Jos.9 : 16-20
Verset de mémoire : Et tous les chefs dirent à toute
l'assemblée: Nous leur avons juré par l'Éternel, le Dieu
d'Israël, et maintenant nous ne pouvons les toucher.
Jos.9 : 19b
Méthodes : Discours, comparaisons, questions
But : Montrer comment l'Eternel honore la loyauté

Introduction
Dans l'Ancienne Alliance, l'hospitalité était sacrée. Les
Gabaonites s'étaient affiliés à Israël par ruse. N'est-ce
pas une raison pour les livrer à leurs ennemis au
moment opportun ? Quelle était plutôt la décision de
Josué ?

I.   Il respecte les lois de l'hospitalité.
1.   Les Gabaonites avaient rusé pour entrer
illégalement dans les rangs des fils d'Israël. C'est
vrai. Jos. 9 :15-16
2.   Les Gabaonites étaient acceptés. C'est vrai.
Jos.9 : 15
3.   La coalition des rois voulut se venger d'eux pour
punir leur trahison. C'est vrai. Jos. 10:4
4.   Josué a tout su. C'est vrai. Jos.9 : 16-19
Au lieu de les livrer à leurs ennemis :
a.   Il leur accorda le droit de rachat en les
assignant à des taches secondaires dans leur
rang. Jos.9 :19-21
b.   Il les défendit devant la redoutable coalition
de cinq rois des amoréens. Jos. 10 : 6-8

II. **Il obtint l'approbation et l'intervention de l'Eternel pour les défendre. Jos. 10 : 8-9**
   1. L'Eternel extermina les ennemis avec des pierres de grêle. Jos. 10 : 10-11
   2. Pour leur couper toute retraite, et avoir assez d'éclairage pour terminer la bataille, Josué obtint de l'Eternel l'arrêt du soleil et de la lune dans leur course. Jos. 10 : 12-13
   3. Josué surmonta le mal par le bien. Ro.12 :21
   4. Le Dieu du bien le préserva de tout mal et lui assura une victoire sans précédent. Jos. 10 14

Conclusion

Le premier pas qui coute, c'est le pardon. Si vous acceptez votre partenaire malgré sa faute, vous donnerez à Dieu de la place dans votre vie pour des miracles exceptionnels. Accepterez-vous de le faire ?

Questions

1. En quoi consiste les lois de l'hospitalité dans les temps bibliques ? On ne peut livrer son hôte aux ennemis pour quelle que soit la raison.

2. Qu'est-ce-qui retient Josué de livrer les Gabaonites à leurs ennemis ? Il est lié par la parole d'honneur.

3. Comment l'Eternel honore-il la loyauté de Josué ?
   a. Il lui donne la victoire sur les ennemis de Gabaon.
   b. Il arrêta le soleil et la lune pour éclairer la bataille jusqu'à complète victoire.

4. Qui combattait contre Josué et Gabaon ? Une coalition de cinq rois des amoréens.

5. De quoi devons-nous nous rappeler dans la décision de Josué ?
   a. Dieu honore les hommes d'honneur.
   b. Nous devons surmonter le mal par le bien.
   c. Le Dieu du bien nous préservera de tout mal et nous assurera la victoire.

Leçon 4
Le pas de Ruth

Textes de base : Ru 1 : 1-22 ; 2 : 1-16 ; 4 : 13-22 ;
Mt.1 : 5-6
Texte à lire en classe : Ru.1 : 11-18
Verset de mémoire : Où tu iras j'irai, où tu demeureras
je demeurerai ; ton peuple sera mon peuple, et ton Dieu
sera mon Dieu Ru. 1 : 16b
Méthodes : Discours, comparaisons, questions
But : Montrer comment des bénédictions sont liées à
l'amour d'une femme pour sa belle-mère.

Introduction
Votre personnalité détermine votre valeur. Vos biens et
votre culture sont secondaires. Ruth, une moabite, va
nous le prouver.

I. Qui était-elle ?
1. Une adoratrice du dieu Kemosh.
2. Mariée à Maklon, le fils de Naomi, Bethléemite,
elle en est devenue subitement veuve.
1R. 11 :33

II. D'où lui vinrent ses mésaventures ?
Sa belle-mère fuyait la famine de Bethléhem et
perdit coup sur coup, son mari Elimélec, ses deux
fils Maklon et Kiljon dans la diaspora. Ru.1 :5
En apprenant le retour à la prospérité dans son
pays, elle voulut renvoyer d'auprès d'elle ses deux
belles-filles et retourner seule. Ru.1 : 8-9
Orpa la veuve de Kiljon la baisa et retourna à sa vie
païenne. Ruth 1 : 14

III. **Qu'en est-il de Ruth ?**
1. **Elle dit à Naomi ces paroles célèbres :**
   a. Où tu iras, j'irai, où tu demeureras je demeurerai, ton peuple sera mon peuple, et ton Dieu sera mon Dieu.
   b. Où tu mourras je mourrai, et j'y serai enterrée.
   c. Que l'Eternel me traite dans toute sa rigueur si autre chose que la mort vient à me séparer de toi ! Ru.1 :16
2. Elle a désarmé le cœur de Naomi qui l'accepta. Ru. 1 : 18

IV. **Les résultats de sa décision**
1. Elle devint la femme de Boaz, un parent du mari de Naomi. Ru.2 : 1 ; 4 :13
2. De cette union leur naquit Obed, le grand-père de David. Son nom va figurer dans l'arbre généalogique de Jésus-Christ. Ru.4 :17 ; Mt. 1 :5-6

Conclusion
Voyez-vous où sa conversion l'a amenée ? De grâce, faites aussi ce premier pas vers Jésus.

Questions

1. Dites ce qui va en premier ____ Votre argent__ Votre éducation__ votre personnalité

2. Qui était Ruth ? Une femme païenne, veuve de Maklon, le fils de Naomi de Bethléem.

3. Que peut-on admirer en elle ? Son attachement à sa belle-mère.

4. Expliquez :
   Elle accepte de renoncer à Kemosh, son dieu, à renoncer à son pays, à sa patrie pour suivre sa belle-mère sans condition.

5. Quel était le résultat de sa décision ?
   a. Elle devint la femme de Boaz, un ancêtre du roi David.
   b. Son nom va figurer dans la généalogie de Jésus-Christ.

Leçon 5 - Le pas du prophète Elisée

Textes de base : 2R.2 : 1-14
Texte à lire en classe : 2R. 2 : 1-8
Verset de mémoire : Qu'il y ait sur moi, je te prie, une double portion de ton esprit! 2.R.2 :9b
Méthodes : Discours, comparaisons, questions
But : Montrer que la persévérance mène au succès.

Introduction
Elisée était un jusqu'au-boutiste sans pareil. Que peut-on espérer de son obstination ? Son maitre, le prophète Elie, va partir. Quel est son intérêt dans ce départ ?

I. **Il accompagna le prophète depuis la maison jusqu'à la piste d'envol. 2R. 2 : 1**
   1. Suivons-en le parcours :
   De Guilgal à Béthel, de Béthel à Jéricho, de Jéricho au Jourdain, Elisée refusa entièrement de laisser son maitre. 2R.2 : 2-6
   2. Voyons un incident de parcours
   Les jeunes séminaristes tentèrent en vain de l'intimider. Il leur recommanda de se taire. 2R. 2 : 3,5,7

II. **Les suites de sa détermination**
   1. Il vit de ses yeux le prophète fendre le fleuve du Jourdain avec son manteau. Les deux le traversèrent à pied sec. 2R.2 :8
   2. Il assista à l'ascension visible du prophète.
   3. 2R.2 : 12
   4. Il hérita son manteau, symbole de prestige et de mystère. 2R.2 : 13
   5. Il fendit le fleuve du Jourdain avec le manteau de son maitre pour retourner à Jéricho. 2R.2 : 14

6. Il reçut une double portion de l'Esprit d'Elie.
   2R.2 : 9, 2R.2 :15
7. Il revit les fils des prophètes au même point de
   leur indécision.
   Reconnaissant le transfert de la puissance d'Elie,
   sur Elisée, ceux-ci vinrent se prosterner devant
   lui pour honorer son investiture. 2R.2 :14

Conclusion
Qu'est-ce-qui vous empêche d'atteindre votre but ?
Visez grand. Concentrez-vous sans distraction sur
votre projet. Vous y arriverez certainement. Le pas
d'Elisée peut être le vôtre. Allez-y.

Questions
1. Pourquoi cette appellation de jusqu'au-boutiste
   accordée à Elisée ? Il ne voulait laisser d'un pas
   son maitre, le prophète Elie
2. Pourquoi n'était-il pas intimidé par les
   remarques des fils des prophètes ?
3. Il était autodéterminé. Il savait ce qu'il voulait.
4. Comment sa détermination était-elle
   récompensée ?
   a. Il fit l'expérience de la traversée du
      Jourdain à pied sec.
   b. Il vit de ses yeux l'ascension du prophète
      Elie.
   c. Il fut l'héritier du manteau du prophète et
      de la double portion de son esprit.
   d. Il succéda à Elie au titre de prophète et
      doyen du séminaire.
5. Que nous enseigne Elisée ? De rester attaché à
   notre vision sans distraction.

Leçon 6
Le pas de géant de David

Textes de base : No. 14 : 9 ; 1S.17 : 1-58 ; Ps. 91 :1
Texte à lire en classe : 1S.17 : 33-40
Verset de mémoire : C'est ainsi que ton serviteur a terrassé le lion et l'ours, et il en sera du Philistin, de cet incirconcis, comme de l'un d'eux, car il a insulté l'armée du Dieu vivant.1S. 17 :36
Méthodes : Discours, comparaisons, questions
But : Montrer que le zèle peut faire en un jour ce que la raison ne peut faire en cent ans.

Introduction
Savez-vous que l'enthousiasme peut faire en un jour ce que la raison ne peut faire en cent ans ? Venez voir David sur sa plateforme de lancement.

I. Le Défi de Goliath
1. Il était énoncé sans résultat pendant quarante jours devant l'armée d'Israël, son roi et ses chefs. 1S.17 : 10,16, 21-24
2. Alors, le roi Saul offrit des primes d'encouragement au challenger de Goliath. 1S.17 :25
   a. Il le comblera de richesses.
   b. Il sera son gendre.
   c. Sa famille sera exonérée des taxes dues au gouvernement.

II. Comment David va-t-il lever le défi ?
1. Il refusa de porter les vêtements et les armes du roi. 1S.17 :38-39

2. Son accoutrement de Berger portera l'onction de Berger d'Israël pour vaincre. 1S.17 : 39-40

3. Il tira sa force dans son patriotisme pour la cause du Dieu vivant. 1S.17 : 33-36

4. Il choisit seulement dans le torrent, cinq pierres polies :

   a. Parce que le provocateur était un incirconcis tandis que lui, il est couvert à l'ombre du Tout-Puissant. No.14 :9 ; Ps.91 :1

   b. Parce que tout le monde trouvait Goliath trop gros pour lui ; au contraire, il le trouvait si gros qu'il ne saurait le rater.

   c. Il défia toute intimidation pour faire un pas de géant. 1S. 16 :11 ; 17 : 28, 33, 42

III. Quels en furent les résultats ?

1. Il abattit le géant et lui coupa la tête.

2. Il emporta son épée.

3. Et maintenant, le trône d'Israël l'attend. 1S.17 :48-51

Conclusion

Suivez votre Etoile. Votre détermination est en vous. Votre destinée est devant vous. Inutile de regarder à gauche ou à droite. Avec Dieu, et Dieu seul, foncez sur votre avenir !

Questions

1. Répondez à cette question :
   Goliath lança un défi à Israël pendant __ 4 jours__ 4 semaines __ 40 jours

2. Choisissez les bonnes réponses

3. Saul offrit au challenger de Goliath
   a. Une voiture Bentley
   b. L'exonération des taxes
   c. Le mariage avec une princesse
   d. Des richesses
   e. Le poste d'ambassadeur en Iraq.

4. Comment David a-t-il pu lever le défi de Goliath ?
   a. Il refusa de porter les vêtements et les armes du roi.
   b. Il choisit dans le torrent cinq pierre polies.
   c. Il puisa sa force dans son patriotisme pour la cause du Dieu vivant.

5. Quel en était le résultat ?
   a. Il abattit le géant et lui coupa la tête.
   b. Il emporta son épée.
   c. Il est devant Dieu qualifié pour le trône d'Israël.

6. Que conseillez-vous aux jeunes ?
   a. Soyez déterminé.
   b. Ne regardez ni à droite ni à gauche
   c. Votre destinée est devant vous.
   d. Foncez sur votre avenir.

Leçon 7
Les pas de géant de Josaphat

Textes de base : 2Ch..20 : 1-25
Texte à lire en classe : 2Ch.20 :20-22
Verset de mémoire : Car nous sommes sans force devant cette multitude nombreuse qui s'avance contre nous, et nous ne savons que faire, mais nos yeux sont sur toi.2Ch.20 : 12b
Méthodes : Discours, comparaisons, questions
But : Montrer que la pleine confiance en l'Eternel assure la complète victoire.

Introduction
Allô mon ami, quand une situation vous dépasse, prenez-la comme une épreuve divine. D'autres que vous sont passés par là. Nous en venons avec trois adversaires bien décidés à réduire Juda en poussière.

I. Qui étaient-ils ?
C'étaient une coalition d'Edomites, de Moabites et d'Ammonites rangés en bataille contre Josaphat, roi de Juda. 2Ch.20 :1

II. Quelle était la stratégie adoptée par le roi ?
1. Il engagea une plaidoirie devant l'Eternel 2Ch.20 : 5-12
2. Il rassembla toutes les familles de père en fils pour mettre l'Eternel devant sa responsabilité. 2Ch.20 : 13
3. Le lévite Jachaziel le seconda en cet instant de crise. 2Ch.20 :14-17

    a. Au lieu de capituler, le peuple devait affronter l'ennemi en moins de vingt-quatre heures. 2Chr.20 :17

    c. Les chantres en uniforme sacré tiendront les premiers rangs et seront suivis de l'armée. 2Ch.20 : 20

    d. Le roi Josaphat donna la priorité à Dieu et à ses prophètes. 2Ch.20 :20

III. Résultats :

1. Dès l'intonation du premier chant, l'Eternel jeta la confusion dans les rangs des ennemis : Ils s'entretuèrent. 2Ch.20 :22-23

2. Le peuple mit trois jours au pillage du butin. 2Ch.20 :25

3. La décision de Josaphat déboucha sur une victoire totale. Résumons :

    a. Il lui coutait d'engager une plaidoirie devant l'Eternel,

    b. D'affronter les ennemis,

    c. De sélectionner les chantres,

    d. De céder la place de l'armée à une chorale.

    e. C'était un pas de géant dans la foi. Il coute et il compte.

Conclusion

Quelle est votre stratégie de combat contre vos adversaires ?

Questions

1. Que faire quand une situation nous dépasse ? On doit la prendre comme une épreuve venant de l'Eternel.

2. Qui formait une coalition contre Josaphat, le roi de Juda ? Les Edomites, les Moabites et les Maonites.

3. Comment Josaphat a-t-il réagi ?
   a. Il engagea une plaidoirie devant l'Eternel.
   b. Il rassembla toutes les familles devant l'Eternel.
   c. Jachaziel, un lévite le seconda.

4. Quelle était sa stratégie de combat ?
   a. Il arrangea une sélection de chantres sur la ligne de front.
   b. Il mit l'armée au second plan.
   c. Il remonta le moral de la formation.

5. Quel en était le résultat ?
   a. L'ennemi tombe en débandade au moment où la chorale entonnait le premier couplet du cantique
   b. Les soldats mirent trois jours au pillage du butin.

6. Faisons un reportage sur la victoire de Josaphat.
   Il a fait un pas de géant :
   a. Quand il a mis toutes les familles devant l'Eternel,
   b. Quand il mit la chorale dans la position occupée d'ordinaire par l'armée ;
   c. Quand il donna la priorité à l'Eternel sur toutes les forces vives de la nation.

Leçon 8
Le pas étonnant d'Esaïe

Textes de base : Es. 1 : 1-3 ; 3 : 16-25 ; 4 : 1 ; 6 : 1-8 ; 9 :5-6 ; 53 :1-12 ; 55 :1-3 ; 60 : 1-2 ; 61 :1-3 ; 65 :18-25
Texte à lire en classe : Es.6 :1-8
Verset de mémoire : J'entendis la voix du Seigneur, disant: Qui enverrai-je, et qui marchera pour nous? Je répondis: Me voici, envoie-moi.Es.6 :8
Méthodes : Discours, comparaisons, questions
But : Montrer comment une expérience personnelle avec Dieu peut changer le plus vil pécheur.

Introduction
Qui aurait cru qu'un Esaïe si impertinent, serait aujourd'hui classé parmi les grands prophètes ? Pourtant, la décision d'un jour l'y avait amené.

I. **Quel était son passé ?**
   Il était dit-on, un parent du puissant Ozias, roi de Juda. Dans cette position, il s'arrogeait le droit de prêcher avec insolence. 2Ch.26 :22
   1. Puisqu'Israël était rebelle à la voie de Dieu, il le taxait de têtu comme un âne. Es. 1 :3.
   2. Il donnait une description sombre des jeunes filles de l'époque. Es. 3 :16 à 4 : 1

II. **Comment a-t-il pu choisir le sacerdoce ?**
   1. Depuis la mort du roi Ozias, il perdit de son arrogance. Es. 6 :1
   2. Dans une vision, il vit le Seigneur assis sur un trône très élevé pour assister au concert des séraphins. Es.6 : 2-3
      a. Esaïe frémissait de peur. Es. 6 : 4-5

b. Il s'empressa de confesser son indignité.
Es. 6 :5

3. Alors, l'Eternel lui dépêcha un séraphin pour stériliser sa langue avec une pierre chaude prise sur l'autel. C'était le signe que son péché était expié. Es.6 : 6-7

4. Quand l'Eternel lança un appel à la mission, Esaïe était le premier à répondre :
« Me voici, envoie-moi » Es.6 : 8

III. Quelle était l'impact de cette décision ?

1. Esaïe prêchera dans un nouveau style.
2. Il deviendra un prophète messianique pour annoncer :
   a. La naissance et les souffrances de Jésus-Christ. Es. 9 : 5-6 ; 53 :1-12 ;
   b. L'évangélisation mondiale.
      Es. 55 : 1-3 ; 61 : 1-3
   c. Le rétablissement d'Israël. Es. 60 : 1-2
   d. Les visions de l'Apocalypse. Es. 65 :18-25

Conclusion

Si vous désespérez de votre enfant, consultez Esaïe.

Questions

1. Qui était Esaïe avant sa consécration au saint ministère ?
   Un prophète impertinent, arrogant.

2. D'où semble-t-il lui venait son arrogance ? Il se sentait fort dans son parent, le puissant roi Ozias.

3. Donnez un exemple de son insolence.
   a. Il traitait Israël de têtu, même plus qu'un âne.
   b. Il donnait des jeunes filles de son temps une peinture sombre et dégradante.

4. Comment a-t-il pu opter pour le sacerdoce ?
   a. Son arrogance tomba à la mort du roi Ozias.
   b. Dans une vision, il a vu Dieu assis sur son trône pour assister au concert des séraphins.
   c. Il confessa son indignité.
   d. L'Eternel envoya un séraphin qui prie sur l'autel une pierre ardente pour purifier sa langue sale.

5. Qui le premier a répondu à l'appel de l'Eternel pour une mission ? Esaïe.

6. Justifiez l'impact de sa décision.
   a. Il changea de langage.
   b. Il devint un prophète messianique.
   c. Il annonça la venue du Messie, ses souffrances et l'évangélisation des païens.
   d. Il annonça le rétablissement d'Israël.
   e. Il eut des visions de l'Apocalypse.

Leçon 9
Les pas décisifs de trois jeunes hébreux

Textes de base : Da. 1 : 1-21 ; 2 : 1-49 ; 3 :13-15 ; 19-28
Texte à lire en classe : Da. 3 :12-18
Verset de mémoire : Voici, notre Dieu que nous servons peut nous délivrer de la fournaise ardente, et il nous délivrera de ta main, ô roi. Da. 3 :17
Méthodes : Discours, comparaisons, questions
But : Montrer que la foi agissante mobilise le ciel.

Introduction
Trois jeunes garçons Schadrak, Meschac et Abed-Nego se sont immortalisés par leur défi au roi d'un empire mondial. Leur décision axée sur la crainte de Dieu et leur noblesse patriotique font d'eux des héros admirables.

I.   **Quel était leur premier pas ?**
1.   Ils refusèrent de se souiller par les mets du roi :
   a.   Le menu comprenait de la viande qui doit être présentée aux dieux Bel et Dagon avant d'être consommée. Da. 1 :8
   b.   Ils refusèrent adroitement la ration prescrite pour tous les internes. Ils supplièrent le cuisinier de leur donner plutôt des légumes. Da. 1 : 12
   c.   Comme résultat : Ils avaient une meilleure santé et Dieu leur accorda une intelligence exceptionnelle. Da. 1 : 12-17

II. **Quel était leur deuxième pas ?**
Ils étaient solidaires dans l'épreuve.
Le roi décréta la peine de mort à tous les magiciens si aucun d'eux ne peut lui révéler son songe et lui en donner l'explication. Joints à Daniel, ces trois jeunes se mirent en prière. Dieu les exauça. Da.2 : 16-19

III. **Quel était leur troisième pas ?**
Ils étaient solidaires devant la mort.
Tandis que les représentants de 120 royaumes fléchissaient les genoux devant l'idole du roi, on les voit seuls debout. Ils préférèrent braver la colère du grand Nebucadnetsar au lieu de déplaire au Dieu vivant. Da. 3 : 15-18

Conclusion
Ces athlètes dans la foi ont commencé avec des poids légers, puis des poids moyens avant d'arriver aux poids lourds. Ils sont réellement admirables. Etes-vous encore à votre premier pas ? C'est le plus difficile et c'est celui-là qui compte. Décidez-vous.

Questions

1. Citez les noms des trois jeunes hébreux mentionnés dans le livre de Daniel. Schadrac, Meschac et Abed-Nego.

2. Quel était leur premier pas dans la foi ? Ils ont préféré manger des légumes au lieu de se souiller par les mets à la table du roi.

3. Quel était leur deuxième pas ?
   a. Ils jeunèrent et prièrent pour avoir une révélation urgente de Dieu sur le songe du roi oublié.
   b. Ils préférèrent affronter la mort au lieu de se prosterner devant la statue d'or du roi.

4. Combien de fois Dieu a-t-il honoré leur foi ? Toutes les fois.

5. Vrai ou faux
   a. Les trois jeunes hébreux ont mangé des mets du roi en cachette. __ V __ F
   b. Ils avaient des amis du royaume pour les protéger. ___ V __ F
   c. Ils préféraient mourir que de trahir l'Eternel, leur Dieu. __ V __ F
   d. Ils avaient grandi dans la foi __ V __F

Leçon 10
Les pas formidables de Daniel

Textes de base : Ps. 91 :8 ; Da. 2 : 48-49 ; 5 :1-12 ; 6 :1-24
Texte à lire en classe : Da. 6 : 10, 16-24
Verset de mémoire : Mon Dieu a envoyé son ange et fermé la gueule des lions, qui ne m'ont fait aucun mal, parce que j'ai été trouvé innocent devant lui; et devant toi non plus, ô roi, je n'ai rien fait de mauvais. Da 6 :22
Méthodes : Discours, comparaisons, questions
But : Montrer qu'avec Dieu les complots ne prennent pas.

Introduction
Quand on occupe une position d'honneur dans un gouvernement étranger, on devient la cible des jaloux et des méchants. C'était le cas de Daniel dans la cour du roi Darius.

I. Qui était Daniel ?
1. Il était un juif de la deuxième déportation à Babylone sous le règne du roi Nebucadnetsar. Il était devenu un cadre indispensable sous trois règnes :
    a. Sous Nebucadnetsar, Il était respecté et admiré pour sa sagesse. Le roi le nomma chef de tous les sages de Babylone. Da. 2 : 48-49
    b. A la mort de ce roi, son petit-fils Belschatsar le garda dans la même position. Mais quand la perfidie de ce roi le portait à profaner les vases d'or de l'Eternel, il ne fit que précipiter son jugement et sa chute :

Les doigts d'une main d'homme écrivirent sur une muraille des paroles macabres pour dénoncer sa légèreté. Da. 5 :1-5

Sa femme le conseilla d'en appeler à Daniel, convaincue qu'il est le seul capable de lire et d'expliquer ces paroles. Da. 5 : 10-12

c. Sous le règne de Darius, ce Daniel occupa le fauteuil de ministre des finances. Les envieux ont manigancé sa perte en déifiant le roi comme le seul à être adoré sous peine d'être jeté dans la fosse aux lions. Da. 6 : 10-12

d. Il refusa le plus haut salaire du monde pour ne pas renier Dieu. Da. 6 :10

Daniel, ceinture noire dans l'épreuve, les terrassa tous avec ses genoux devant l'Eternel. Da. 6 : 10, 13-15, 24

II. **Et comme résultats :**

Daniel prospéra dans tous ces royaumes et il verra de ses yeux la rétribution des méchants.Ps.91 :8

Conclusion

Accepterez-vous de passer dans le moule de Daniel ? C'est le premier pas qui compte.

Questions

1. Daniel a chevauché sur trois règnes. Citez-les :
Les règnes de Nebucadnetsar, de Belschatsar et de
Darius.

2. Quel était son emploi
   a. Sous le règne de Nebucadnetsar ?
      Chef de tous les sages de Babylone.
   b. Sous le règne de Darius ? Ministre des finances.

3. Pourquoi l'appelons-nous ceinture noire dans
l'épreuve ?
   a. Il refusa le plus haut salaire du monde pour ne
       pas renier Dieu.
   b. Il préféra rencontrer Dieu dans la prière.

4. Comment expliquer sa victoire ? Il fut épargné par
les lions qui plus tard dévorèrent ses accusateurs.

Leçon 11
Un faux pas qui coute

Textes de base : Jon. 1 : 1-16
Texte à lire en classe : Jon.1 :2-12
Verset de mémoire : Il leur répondit: Prenez-moi, et jetez-moi dans la mer, et la mer se calmera envers vous; car je sais que c'est moi qui attire sur vous cette grande tempête. Jon.1 : 12
Méthodes : Discours, comparaisons, questions
But : Montrer que toute décision sans Dieu ne mènera qu'a la catastrophe.

Introduction
Qu'il en coute de regimber à l'ordre de l'Eternel ! Si vous en avez peur, fuyez la compagnie de Jonas.

I. Comment manifeste-il sa désobéissance ?
1. Au lieu d'aller et prêcher la repentance aux Ninivites, il a préféré s'enfuir à Tarsis, loin de la face de l'Eternel. Jon.1 : 2-3
2. Il paya lui-même son billet pour ce voyage clandestin et se flattait même d'avoir désobéi à l'ordre de l'Eternel. Jon. 1 : 3b, 10b
3. Après tout, il croyait pouvoir dormir tranquille. Jon. 1 :5

II. Quelle était la réaction de l'Eternel ?
1. Il envoya un vent impétueux pour mettre en danger la vie de tout l'équipage. Jon.1 : 4
   a. Les mariniers invoquèrent leur dieu sans succès. Jon.1 :5
   b. Ils délestèrent en vain le bateau. Jon.1 :5

   c. Ils demandèrent à Jonas d'invoquer son
   Dieu. Peine perdue. La mer était démontée.
   Jon.1 :6
   d. Ils firent un tirage au sort et le sort tomba
   sur Jonas. Un enfant de Dieu a mis la vie
   des païens en danger ! Quelle honte ! Jon
   .1 : 7
2. L'identification de Jonas les étonne :
   a. Je suis hébreu, je crains le Dieu créateur des
   cieux, de la terre et de la mer. Jon.1 :9
   b. Pour calmer la tempête, « Jetez-moi à la
   mer ». Jon.1 :12
   c. Sitôt fait, la tempête s'apaisa. Jon.1 :15
3. Ces hommes eurent une grande frayeur et
   décidèrent d'adorer le vrai Dieu pour la
   première fois. Jon.1 : 14

Conclusion
Que le témoignage d'un chrétien mette la vie des païens
en danger ! Quelle honte ! Au lieu d'esquisser le faux
pas de Jonas, repentez-vous !

Questions

1. Si vous craignez Dieu, de quel genre de chrétien faut-il vous écarter? Jonas

2. Comment manifeste-t-il sa désobéissance ?
   a. Il s'enfuit à Tarsis, loin de la face l'Eternel.
   b. Il paya lui-même son billet de voyage.
   c. Il se flattait d'avoir désobéi à l'Eternel.
   d. Après tout, il croyait pouvoir dormir tranquille.

3. Quelle était la réaction de l'Eternel ?
   Il menaça la vie de l'équipage avec une tempête.

4. Qu'est-ce-qui a étonné les mariniers ? Leur vie était menacée à cause de la désobéissance d'un enfant de Dieu.

5. Pris de honte, qu'a demandé Jonas aux mariniers ?
   Qu'on le jette à la mer.

Leçon 12
Le pas formidable de Pierre

Textes de base : Mt. 19 : 27-30 ; 16 : 16-23 ; 26 : 69-75 ; Lu. 22 : 31-38, 56-57 ; Jn.18 : 10-11 ; Ac.4 : 5-10 ; 5 : 10-21, 41
Texte à lire en classe : Ac.5 : 17-29
Verset de mémoire : Pierre et les apôtres répondirent: Il faut obéir à Dieu plutôt qu'aux hommes. Ac. 5 :29
Méthodes : Discours, comparaisons, questions
But : Montrer que la détermination de faire restitution, amène le ciel à faire pour vous des miracles.

Introduction
Quand quelqu'un veut se racheter de son mauvais comportement, il peut tenter l'impossible pour soulager sa conscience. Pierre, avancez, s'il vous plait.

I. Qui était-il ?
Disciple primesautier, Pierre avait la parole facile.
1. Lui seul a pu déclarer que Jésus est le Christ, le Fils du Dieu vivant. Mt.16 :16
2. Lui seul s'est permis d'exhorter le Seigneur à renoncer à la croix. Mt.16 :21-22
3. Lui seul a tiré son épée pour défendre son maitre. Jn.18 :10-11

II. Quel était son faux pas ?

1. Il croyait en un Messie national pour délivrer Israël du joug romain.
   a. Il aspirait à une position dans le nouveau gouvernement de Jésus. Mt .19 :27
   b. C'est pourquoi il portait toujours son épée pour se préparer à toute éventualité. Les autres disciples l'imitèrent. Lu.22 :36, 38
2. Il croyait en sa force et chutait lamentablement. Lu.22 :31-33 ; 56-57
3. Avec des jurons aux lèvres, Pierre renia trois fois son maitre. Mt.26 : 69-70, 72, 74-75

III. Comment a-t-il pu se racheter ?

1. Il brava les soixante-et-onze membres du tribunal juif pour témoigner en faveur de Jésus-Christ. Ac.5 :21
2. Il prit ardemment la défense de l'Evangile devant les autorités religieuses de Jérusalem. Ac. 4 :5, 8-10
3. Il se réjouissait d'avoir connu la prison et la bastonnade pour le nom de Jésus. Ac.5 :18-19, 41
4. L'histoire rapporta qu'il a réclamé d'être crucifié la tête en bas, indigne qu'il se croyait de l'être comme son maitre.

Conclusion

Pierre a soulagé sa conscience par la décision de se réhabiliter auprès de Jésus. Quelle compensation voulez-vous offrir à celui que vous avez offensé ?

Questions

1. Qui était Pierre ? Un disciple de Jésus. Il parlait facilement.
   a. Prouvez-le.
   Il était le premier à découvrir que Jésus était le Messie.
   b. Lui seul s'est permis d'exhorter Jésus.
   c. Lui seul a tiré l'épée pour défendre son maitre.

2. Quel était son faux pas ?
   a. Il croyait en un Messie politique.
   b. Il aspirait à une position dans le gouvernement terrestre de Jésus.
   c. Il croyait en sa force pour maintenir.
   d. Il renia Jésus trois fois.

3. Comment a-t-il pu se racheter ?
   a. Il brava le tribunal juif pour témoigner en faveur de Jésus-Christ.
   b. Il se réjouissait d'avoir connu la prison et la bastonnade pour le nom de Jésus.

4. Vrai ou faux
   a. Un chrétien doit porter des armes __ V __F
   b. Un chrétien pèche s'il porte des armes. __ V __ F
   c. Un chrétien peut porter des armes sans avoir l'intention de tuer. __ V __ F
   d. Un chrétien peut tuer en cas de légitime défense. __V__F

Récapitulation des versets

1. Je ferai de toi une grande nation, et je te bénirai; je rendrai ton nom grand, et tu seras une source de bénédiction. Ge. 12 :2

2. A celui qui est ferme dans ses sentiments Tu assures la paix, la paix, Parce qu'il se confie en toi.Es. 26 :3

3. Et tous les chefs dirent à toute l'assemblée: Nous leur avons juré par l'Éternel, le Dieu d'Israël, et maintenant nous ne pouvons les toucher. Jos.9 :19

4. Ruth répondit: Ne me presse pas de te laisser, de retourner loin de toi! Où tu iras j'irai, où tu demeureras je demeurerai; ton peuple sera mon peuple, et ton Dieu sera mon Dieu; Ruth 1 :16

5. Demande ce que tu veux que je fasse pour toi, avant que je sois enlevé d'avec toi. Élisée répondit: Qu'il y ait sur moi, je te prie, une double portion de ton esprit! 2R.2 :9b

6. C'est ainsi que ton serviteur a terrassé le lion et l'ours, et il en sera du Philistin, de cet incirconcis, comme de l'un d'eux, car il a insulté l'armée du Dieu vivant. 1s. 17 : 36

7. Car nous sommes sans force devant cette multitude nombreuse qui s'avance contre nous, et nous ne savons que faire, mais nos yeux sont sur toi. 2Ch.20 :12b

8. J'entendis la voix du Seigneur, disant: Qui enverrai-je, et qui marchera pour nous? Je répondis: Me voici, envoie-moi. Es. 6 :8

9. Voici, notre Dieu que nous servons peut nous délivrer de la fournaise ardente, et il nous délivrera de ta main, ô roi. Da.3 :17

10. Mon Dieu a envoyé son ange et fermé la gueule des lions, qui ne m'ont fait aucun mal, parce que j'ai été trouvé innocent devant lui; et devant toi non plus, ô roi, je n'ai rien fait de mauvais . Da. 6 :22

11. : Il leur répondit: Prenez-moi, et jetez-moi dans la mer, et la mer se calmera envers vous; car je sais que c'est moi qui attire sur vous cette grande tempête. Jon.1 : 12

12. Pierre et les apôtres répondirent: Il faut obéir à Dieu plutôt qu'aux hommes. Ac. 5 :29

Feuille d'évaluation

1. Quelle partie de ces 12 leçons vous a le plus touché?
   a. Pour vous-même ? _____
   b. Pour votre famille? _____
   c. Pour votre Eglise? _____
   d. Pour votre pays? _____

2. Quelle est votre décision immédiatement après la classe?

   _____

4. Quelles sont vos suggestions pour l'Ecole du Dimanche :
   a._____
   b._____
   c._____

4. Questions purement personnelles :
   a. Quelle est ma contribution pour le développement de cette Eglise?

      _____

   b. Quel effort ai-je fait jusqu'ici pour améliorer sa condition?

      _____

   c. Si Jésus vient maintenant, sera-t-il fier de mes œuvres ? _____

LA TORCHE BOULEVERSANTE

Volume 22 – Série 3

L'ETERNEL EST MON BERGER (SUITE)

Avant-propos

Quelle approche d'intimité quand, au lieu de dire mon père ou ma mère, vous disiez plutôt mon papa, ma maman ? L'Eternel est Dieu. C'est vrai. Dieu est éternel, c'est vrai. Mais l'Eternel est mon Berger ; celui qui est éternel s'abaisse jusqu'à moi ! Ainsi, tout ce qui est beau, durable, grand, extraordinaire et exceptionnel est maintenant à ma portée ! Je veux vous en parler et je veux que tous, même mes ennemis, soient au courant de cette relation et s'ils ont besoin de moi, ils sachent à quelle adresse me rejoindre. David parle. Je parle.

Révérend Renaut Pierre-Louis

Leçon 1
Le rapport entre le fini et l'infini

Textes de base : 1S. 22 : 20-23 ; Ps.23 :1-6
Texte à lire en classe : Ps. 23 :1-6
Verset de mémoire : Reste avec moi, ne crains rien, car celui qui cherche ma vie cherche la tienne; près de moi tu seras bien gardé. 1S.22 :23
Méthodes : Discours, comparaisons, questions
But : Montrer comment la protection de Dieu s'étend même sur notre entourage.

Introduction
Quand David vous dit que l'Eternel est son berger, il veut souligner non pas un rapport superficiel mais un rapport d'intimité avec l'Infini.

I. **D'abord, la distance est supprimée entre Dieu et lui.**
  1. Son amour pour lui supprime la distance entre le ciel et la terre. Sa sécurité vient d'en haut. Elle s'étend partout. Son quotidien vient d'en haut. Il peut en puiser partout. Ses révélations viennent d'en haut. Il est au courant de tout.
  2. Sa vie est la préoccupation de l'Eternel. Ps.23 : 4
  3. Partant de l'idée que la toiture déborde la maison, que le ciel est plus grand que notre planète, il est convaincu qu'il demeure à l'ombre du Tout-Puissant, que la grâce de Dieu est plus grande que ses besoins. Ps.91 :1

a. L'Eternel avait prévu le vert pâturage avant sa faim et l'eau paisible avant sa soif. Il sait d'avance où il va l'amener. Ps.23 : 2

b. L'abondance est telle qu'il ne pourra jamais épuiser le vert pâturage de sa bonté et l'immense océan de sa grâce. Ps.23 :3

3. Son autorité vient d'en haut. Nul ne peut la contester. Ps.23 :3

4. Sa force vient d'en haut. Même Goliath ne pourra lui résister. Ps.23 : 4

5. Sa sécurité est telle que son entourage bénéficie de la même protection. Lisez ce que David dit à Abiathar :

« Reste avec moi, ne crains rien, car celui qui cherche ma vie cherche la tienne ; près de moi tu seras bien gardé ». 1S. 22 :23

Conclusion

Vous connaissez le Psaume 23. En connaissez-vous le berger ?

Questions

1. Que veut dire David par cette expression
    « L'Eternel est mon Berger » ?
    a. L'amour de l'Eternel pour lui supprime la
        distance entre le ciel et la terre.
    b. Sa vie est la préoccupation de l'Eternel.
    c. Sa grâce est plus grande que ses besoins.

2. Expliquez :
    a. Il a prévu son eau avant sa soif.
    b. Il a prévu son pain quotidien avant sa faim.
    c. Il a prévu sa défense avant les attaques.

3. Faites parler David à Abiathar.
    Reste avec moi…près de moi tu seras bien gardé.

4. Quelle est la différence entre le Psaume 23 et le
    Berger du Psaume 23 ?
    a. Réciter le Psaume 23 est une affaire de
        mémoire.
    b. Connaitre le Berger du Psaume 23 est une
        affaire d'intimité.

Leçon 2
L'Eternel, la source de mes ressources

Textes de base : Ex. 16 ; 14-16 ; 1S.17 : 5-7, 38-40 ;
23 : 13 ; 24 : 3-8 ; 26 : 8-15 ; 1R.19 :5-8
Texte à lire en classe : Ph. 4 : 12-19
Verset de mémoire : Ne vous inquiétez de rien; mais
en toute chose faites connaître vos besoins à Dieu par
des prières et des supplications, avec des actions de
grâces.Ph.4 : 6
Méthodes : Discours, comparaisons, questions
But : Montrer que le Dieu-Providence n'est jamais à
court de moyen pour nourrir la planète.

Introduction
Quand l'apôtre Paul disait aux membres de l'Eglise de
Philippe « Ne vous inquiétez de rien », il savait de quoi
il parlait. Il faisait référence à la source où je vais vous
amener.

I.   Pour la nourriture :
Dieu peut mettre à notre disposition ce que la
Terre n'a pas.
1. La manne vient d'en-haut pour nourrir les
    millions d'Israël dans un Désert pendant
    quarante ans. Ex.16 : 14-16
2. Un ange servit au prophète Elie un sandwich
    préparé à la cuisine de Dieu. Sa consistance lui
    donna de la force pour marcher quarante jours
    et quarante nuits. 1Rois. 19 : 5-8

II. Pour la défense

1. David refusa l'armure du roi Saul.1S. 17 : 38-40
2. La petite pierre sanctifiée de l'Eternel suffisait pour terrasser un géant cuirassé d'un gilet pare-balle, coiffé d'un casque métallique et protégé par un bouclier d'acier. 1S.17 : 5-7
3. Son armée de 600 fantassins non entrainés pouvait défier les 3000 soldats d'un dictateur cruel sans avoir à le craindre pendant des années de poursuite. 1S.23 :13 ; 24 :3
4. Où trouver dans un Désert de quoi nourrir 600 bouches si l'Eternel n'était pas la source de ses ressources ? Autrement, son âme serait bien vite dans la demeure du silence. Ps.94 :17

   Pourtant, il avait trouvé par deux fois l'opportunité de tuer Saul. Mais il lui répugnait de le faire. Son berger s'en chargera.

   1S.24 :3-8 ; 26 :8-15
5. C'est que le ciel est la source de toutes ses ressources pour vivre et pour survivre.

Conclusion

Le même Dieu dans le même ciel opère encore et toujours. Faites votre choix.

Questions

1. Comment Dieu prend-il soin de ses enfants ?
   a. Il lui donne ce que la Terre ne peut produire.
   b. La manne à des millions pendant quarante ans dans le Désert.
   c. Un sandwich de Dieu pour entretenir Elie pendant quarante jours.

2. Quand l'Eternel a-t-il pris la défense de David ?
   a. Quand il a eu le courage de refuser l'armure du roi.
   b. Quand il croit en l'Eternel pour nourrir ses six cents soldats dans le désert.

3. Avec combien de soldats affrontait-il les trois mille du roi Saul ? Six-cents

4. Pourquoi n'avait-il pas tué Saul en deux occasions ? C'est la responsabilité de son berger et non la sienne.

Leçon 3
L'Eternel est le juge de mon intérieur.

Textes de base : 2S.12 : 11-14 ; 15 :31 ; 16 : 5-7 ;
Ps.23 : 1-6 ; 38 : 1-23 ; 113 : 7 ; Ro.8 : 33
Texte à lire en classe : Ro.8 : 31-34
Verset de mémoire : Qui accusera les élus de Dieu?
C'est Dieu qui justifie! Ro.8 :33
Méthodes : Discours, comparaisons, questions
But : Montrer que nos péchés ne détruisent pas la
miséricorde de Dieu envers nous.

Introduction
Si la panne dans ma voiture est l'affaire du mécanicien,
ma maladie l'affaire de mon docteur, mon péché ne
regarde que Dieu. Il est le seul juge de mon intérieur.

I. **Quelles étaient les causes de la désolation de
David ?**
1. Son péché contre l'Eternel le déprimait.
Ps.38 : 3-7
2. Ses ennemis en profitèrent pour l'outrager.
Schimeï, un parent de Saul se mit à l'insulter en
prenant ouvertement parti pour Absalom.
2Sam. 16 :5-7
3. Ses amis l'abandonnèrent et même son
conseiller privé le trahissait. 2S.15 :31 ; Ps.38 :
11

II. **Pourquoi restait-il humble après son péché ?**
1. S'il avait accepté le breuvage et le vert pâturage
de l'Eternel, il doit aussi consentir à subir le
châtiment par la houlette et le bâton.Ps.23 : 2,4
Autrement :

a. Il n'aura pas droit de manger à sa table.
b. Son grand dépôt de grâce et de bonheur ne pourra jamais l'accompagner pour le reste de sa vie. Ps.23 :6
c. Voilà pourquoi il a accepté humblement la sanction prononcée par le prophète Nathan. 2S. 12 : 11-14

III. Comment cette grâce se manifestait-elle ?

1. Dieu lui fit des faveurs incompatibles à sa carrière, ses études et son intelligence.
   a. De berger de mouton, il en a fait roi et berger d'Israël.
   b. Il le tira du fumier pour le faire asseoir avec les grands. Ps.113 : 7
2. La grâce est aveugle. Elle ne voit ni les défauts, ni les péchés, ni les limitations de David, car c'est Dieu qui justifie. Ro.8 : 33
3. David n'était jamais une victime. La mort devait l'attendre.

Conclusion

Acceptez les blâmes de Dieu. Glorifiez-le pour son pardon et sa miséricorde !

Questions

1. Quelles étaient les causes de la désolation de David ?
   a. Son péché contre l'Eternel le déprime.
   b. Ses ennemis en profitent pour l'outrager.
   c. Ses amis l'abandonnèrent et même son conseiller privé le trahissait.

2. Pourquoi restait-il humble après son péché ?
   a. S'il accepte de l'Eternel l'eau et le vert pâturage, il doit aussi se soumettre à la sanction par la houlette et le bâton.
   b. Sinon, il n'aura pas droit de manger à sa table.
   c. La grâce et le bonheur ne pourront pas l'accompagner pour le reste de sa vie.

3. Comment cette grâce se manifestait-elle ?
   a. Par des faveurs incompatibles à sa carrière, ses études et son intelligence.
   b. De berger de mouton, il en a fait roi et berger d'Israël.

4. Pourquoi disons-nous que la grâce est aveugle ?
   a. Elle ne voit ni les défauts, ni les péchés, ni les limitations de David, car c'est Dieu qui justifie.
   b. David n'était jamais une victime. La mort devait l'attendre.

5. Comment devons-nous nous comporter quand nous avons offensé Dieu ?
   a. Nous devons accepter sa punition.
   b. Nous devons le glorifier pour son pardon et sa miséricorde.

Leçon 4
L'Eternel est mon médecin

Textes de base : Ps. 6 :3 ; 38 :8 ; 41 :1-11 ; 116 :17-19
Texte à lire en classe : Ps. 41 : 1-11
Verset de mémoire : Heureux celui qui s'intéresse au pauvre! Au jour du malheur l'Éternel le délivre.
Ps. 41 : 1
Méthodes : Discours, comparaisons, questions
But : Montrer que David croyait en la guérison divine.

Introduction
A voir de loin, David était un surhomme sur le champ de bataille et dans la rédaction de ses soixante-treize Psaumes. Loin de là ! David souffrait comme les autres hommes, mais il réclamait l'Eternel pour son médecin.

I. Il souffrait dans son corps
1. L'Eternel le soutien sur son lit de douleur. Il le soulage dans toutes ses maladies. Ps 41 : 3
2. En vain ses ennemis attendaient-ils le pire pour en profiter. Ps.41 : 7-8
3. Il pria Dieu pour son rétablissement. Ps.41 :11

II. Il souffrait dans son âme
Son état d'âme influe sur son état physique. Le trouble de son cœur dit-il, m'arrache des gémissements. Ps.38 :8

III. Il fit référence à l'Eternel, son médecin
1. Pour sa santé. Aie pitié de moi, Éternel ! car je suis sans force ; Guéris-moi, Éternel ! car mes os sont tremblants. Ps.6 :3

2. Sa maladie rendrait service à ses ennemis qui pourraient en profiter. Il purgea sa peine en confessant ses péchés. Ps.41 : 11

3. Il savait que Dieu le guérira à cause de son intégrité. Ps. 41 :12

4. Le Psaume vingt-trois nous le montre sous les yeux de l'Eternel, même dans la vallée de l'ombre de la mort. Serait-il possible pour lui de consulter un autre médecin ? Jamais.

5. David offrira à l'Eternel
   a. Un sacrifice d'actions de grâces. Ps. 116 :17
   b. Il louera l'Eternel. Ps. 116 : 17-19
   c. Il déposera dans les parvis du temple ses dons promis à l'Eternel en présence de tous. Ps. 116 : 18-19

Conclusion

David était le garant du prestige de Dieu devant les médecins. Que dire de vous bien-aimé ?

Questions

1. Que savons-nous de la maladie de David ?
   a. Il réclamait l'Eternel pour son médecin.
   b. Il nous parle de ses souffrances corporelles.
   c. Il nous parle de ses souffrances psychologiques.

2. Quelle était son attitude en ces moments-là ?
   a. Il priait Dieu pour son rétablissement.
   b. Il purge sa peine en confessant ses péchés.

3. Quelle était l'attitude de ses ennemis en ces moments-là ? Ils attendent que son mal s'empire pour en profiter.

4. Pourquoi David n'allait-il jamais trouver un autre médecin ?
   Parce que, même quand il marche dans la vallée de l'ombre de la mort, l'Eternel était avec lui.

5. Que fait-il au jour de son rétablissement ?
   a. Il loue l'Eternel.
   b. Il lui offre un sacrifice d'actions de grâces.
   c. Il dépose ses dons promis à l'Eternel en présence de tout le monde.

Leçon 5
L'Eternel le planificateur de sa destinée

Textes de base : 1S.13 :14 ; 16 :6-16 ; 17 :34-35 ; 18 :20 ; 31 :2-4 ; 2S.2 :4 ; 5 :1-4 ; Ap.5 :5
Texte à lire en classe : 1S.16 :2-13
Verset de mémoire : Mes destinées sont dans ta main; Délivre-moi de mes ennemis et de mes persécuteurs! Ps. 31 :16
Méthodes : Discours, comparaisons, questions
But : Montrer que nul ne peut vous barrer la route quand vous êtes marqué par le sceau du destin.

Introduction
Faut-il un achèvement éclatant ou un jury pour qualifier un serviteur de Dieu ? Consultez le prophète Samuel. Il vous dira :

I. David est élu « Homme selon le cœur de Dieu » 1S. 13 : 14

1. Son père ne voyait en lui qu'un simple petit berger. 1S. 16 : 11
2. Tout jury aurait qualifié Eliab son ainé, pour roi à cause de sa posture et ses muscles bien gonflés. 1S.16 :6
3. L'Eternel a choisi David parce qu'il était dans la ligne de ses pensées. 1S.17 :34-35
4. Il voyait l'avenir d'Israël à travers un simple berger.
   Tous devaient attendre son investiture comme l'oint de l'Eternel. 1S.16 : 11

II. Confirmation de l'onction

1. L'Esprit Saint entra dans David tandis qu'un mauvais esprit venant de l'Eternel agita Saul. 1S.16 : 13-15
2. Sa royauté était confirmée par sa victoire sur Goliath. Jésus, le Lion de Juda, s'incarnait en lui pour terrasser Goliath, l'incarnation de Satan. Ap.5 :5
3. La tête de Goliath en main le qualifiait au poste de général de division dans l'armée et comme gendre du roi par son mariage avec Mical. 1S.18 :20

Toute la malice de Saul ne saurait l'abattre. A la fin, Saul succomba. Il s'écroula sous le poids accablant de sa méchanceté. 1S. 31 : 2-4

III. Confirmation de la royauté.

1. Les tribus de Juda et de Benjamin consacrèrent David roi à Hébron. 2S. 2 :4
2. Après sept ans de division, le pays se réunissait sous sa royauté. Il régna quarante ans sur tout Israël. 2S.5 :1-4

Conclusion

Restez à l'école de Dieu. Votre diplôme et votre toge de graduation sont entre ses mains.

Questions

1. Pourquoi l'Eternel a-t-il dit de David qu'il est un homme selon son cœur ?
   a. Il est dans la ligne de ses pensées.
   b. Il voit l'avenir d'Israël à travers un simple berger.

2. Quelle est la preuve de son onction sur David ?
   a. Tandis que l'esprit de Dieu entrait dans David, un mauvais esprit entra dans Saul.
   b. Il affirma la manifestation de cette onction par la victoire sur le Géant Goliath.

3. Comment a-t-il régné sur Israël ? D'abord pendant sept ans à Hébron et finalement sur tout Israël. Son règne dura quarante ans.

4. Quel était le plan de son père pour lui ? Qu'il reste dans les champs à garder les brebis.

5. Choisissez la bonne réponse :
   Pour être roi en Israël du temps du prophète Samuel il fallait :
   a. Connaitre la bible par cœur.
   b. Être dans la lignée des prophètes.
   c. Être oint par un prophète de l'Eternel.

Leçon 6
L'Eternel, le gardien de ma lampe

Textes de base : Jg.1 :1-2 ;20 :18 ; 1R.15 :4 ; 2R.8 :19 ;
Ps.27 :1 ; Mich.5 ;1 ; 1Jn.3 :8 ; Ap.5 :5
Texte à lire en classe : Ps.27 :1-6
Verset de mémoire : L'Éternel est ma lumière et mon
salut: De qui aurais-je crainte? L'Éternel est le soutien
de ma vie: De qui aurais-je peur? Ps. 27 :1
Méthodes : Discours, comparaisons, questions
But : Montrer que votre Etoile doit briller malgré les
efforts des gens pour l'éteindre.

Introduction
Tandis que David gardait les brebis de son père,
L'Eternel l'avait déjà commissionné futur roi d'Israël.
1S.16 : 1 Suivez avec moi les jalons de l'histoire pour
découvrir le point d'aboutissement de ce choix.

I. **L'Eternel le sélectionna dans la tribu de Juda.**
    1. Juda veut dire louange. La louange doit être en
        premier. Dans tous les combats d'Israël, Dieu
        réclame donc le premier rang en faveur de Juda.
        Jg.1 :1-2 ; 20 : 18
    2. Jésus, le rejeton de David devait venir de cette
        filiation. Michée 5 :1 ; Ap.5 :5
    3. La victoire de David sur Goliath symbolise la
        victoire de Jésus sur Satan Le Diable. 1Jn.3 :8

II. **L'Eternel a les yeux sur cette tribu**
    1. A cause de David dont le témoignage doit
        briller comme une lampe. 2R.8 :19

2. A cause de la prophétie que le Sauveur doit venir dans Bethléhem, petite ville dans le territoire de Juda. Mic. 5 :1
3. A cause d'Hérode. Ce descendant d'Esaü siège à Jérusalem, à dix kilomètres de Bethléhem, la ville de David. Jérusalem sera bientôt appelé La ville de Dieu. Il faut que l'ennemi des juifs en siège dans cette ville soit détrôné.

III. L'Eternel et David
1. L'Eternel est ma lumière. Il est le soutien de ma vie, dit David. Ps.27 :1
2. La postérité de David est ma lampe, dit l'Eternel. 1R.15 :4. Cette postérité c'est Jésus, le Lion de la Tribu de Juda. Ap.5 :5

Conclusion
Le courage de David, sa fidélité envers Dieu sont un héritage pour toute la chrétienté. Qu'allez-vous laisser à la postérité à votre départ ?

Questions
1. Que signifie Juda en hébreu ? Louange
2. A qui Dieu assigne le premier rang dans les combats d'Israël ? A Juda
3. Dans quelle tribu devait sortir le Messie ? La tribu de Juda
4. Que symbolise la bataille de David contre Goliath ? La victoire de Jésus sur Satan le Diable.
5. Pourquoi l'Eternel a-t-il les yeux sur cette tribu ? A cause de David dont le témoignage doit briller comme une lampe

Leçon 7
Le Dieu restaurateur

Textes de base : 1S.18 :20 ; 2S.6 :14-22 ; 11 :14-15 ;
12 :10-14 ; Ps. 4 :2 ; 51 : 3
Texte à lire en classe : Ps.51 : 1-11
Verset de mémoire : O Dieu! aie pitié de moi dans ta
bonté; Selon ta grande miséricorde, efface mes
transgressions. Ps.51 :3
Méthodes : Discours, comparaisons, questions
But : Montrer l'amour insondable de Dieu

Introduction
Que personne ne croit que son amitié avec Dieu le libère
des punitions. Etes-vous étonné que David ait subi les
conséquences de son péché ?

I. **Quelles en furent les causes lointaines et
immédiates ?**
1. Causes lointaines : Son mariage avec la fille du
roi Saül était de nature politique. 1S. 18 : 20
   a. Il conservait ces liens à cause de l'amitié de
   Jonathan, le frère de Mical.
   b. Garder cette femme dans son sein était
   obligatoire parce qu'à l'époque, le mariage
   avec une princesse vous qualifie pour la
   royauté.
   c. David n'aimait pas cette fille aristocrate aux
   manières incompatibles à ses mœurs
   rustiques de berger.
2. Causes immédiates
   a. Mical minimisa David parce qu'il dansait de
   toute sa force devant l'arche. 2S.6 :14,16,
   20

b. La réplique de David l'agaçait. 2S.6 : 21-22
c. Dès lors, leur lien conjugal était tacitement rompu.
d. Détaché de Mical, ses sentiments allaient vers Bathsheba. D'où le scandale de l'adultère mal étouffé par le meurtre d'Urie, le mari de Bathsheba. 2S.11 : 14-15
e. Son mal révélé par le prophète Nathan torturait sa conscience. 2S. 12 : 7
f. Il l'a confessé dans une amère repentance. Ps. 51 : 3

III. Décision du ciel
1. Il paiera les conséquences de son forfait. 2S. 12 : 10-14
2. Dieu l'a puni mais il ne l'a pas rejeté.
3. Après sa confession et sa repentance, David dira :
« Quand je crie à toi, Seigneur, réponds-moi » Ps .4 :2

Conclusion
David n'a pas cessé d'être l'homme selon le cœur de Dieu grâce à son humilité. Ce Dieu peut aussi vous restaurer. Aimez-le.

Questions

1. Quelle est l'erreur à éviter quand on est l'ami de Dieu ? Croire qu'on est dégagé des punitions.

2. Quelles sont les causes lointaines de la chute de David ?
   a. Son mariage avec la princesse Mical était politique et non sentimental.

b. Il y a un trop grand écart entre une princesse et un berger.

c. Se marier à une princesse vous donne droit au trône.

d. David a conservé ces liens à cause de Jonathan son beau-frère.

3. Quelles sont les causes immédiates de sa chute ?
   a. Mical méprisa David pour sa danse populaire.
   b. La réplique de David l'agaçait.
   c. Dès lors, leur lien conjugal était tacitement rompu.
   d. Détaché de Mical, ses sentiments allaient vers Bathsheba.

4. Comment était son état d'âme après sa chute ?
   a. Le jugement du prophète Nathan torturait son âme.
   b. Il a confessé sa faute dans une amère repentance.

5. Quelle était la décision du ciel par rapport à cette chute ?
   a. Dieu l'a pardonné, mais Il devait en subir les conséquences.
   b. Il peut après retourner à Dieu comme un fils à son Père.
   c. Il n'a pas cessé d'être un homme selon le cœur de Dieu

Leçon 8
Les signes de ponctuation dans la marche avec Dieu

Textes de base : Ps.23 : 4 -5 ; Jé. 15 : 16-17 ; Mt.11 :28-29

Texte à lire en classe : Ps.23 : 1-6

Verset de mémoire : Quand je marche dans la vallée de l'ombre de la mort, Je ne crains aucun mal, car tu es avec moi: Ta houlette et ton bâton me rassurent. Ps. 23 :4

Méthodes : Discours, comparaisons, questions

But : Montrer comment Dieu change les aspects de notre vie mais pour aboutir à notre bonheur.

Introduction
David nous présente sa vie avec l'Eternel en trois scénarios.

I. Premier scénario

1. Il l'invite **d'abord** au repos *dans de verts pâturages,* pour l'entrainer à la méditation. Jésus, le Bon Berger nous dira : Venez à moi je vous donnerai du **repos**. Mt. 11 :28

2. Il l'invite **ensuit**e à se laver et à boire *près des eaux paisibles.* Dans les premiers jours de notre conversion, le Seigneur nous met devant des situations simples pour ne pas nous effrayer, car son joug est doux et son fardeau léger. Mt. 11 :29

3. Il l'invite **enfin à** manger. Il restaure son âme. L'Ecole du Dimanche, l'Etude Biblique sont nos meilleures sources d'approvisionnement. Jé .15 :16

II. Deuxième scénario

1. Pour sa croissance chrétienne, il le soumet graduellement à des épreuves. « *Même quand je marche dans la vallée de l'ombre de la mort je ne crains aucun mal* ». La présence de l'Eternel dans sa vie n'exclut pas les souffrances ; mais avec lui, on pourra mieux les supporter. Ps.23 : 4

2. Maintenant il manifeste sa présence par la discipline, avec sa houlette ou son bâton pour le défendre ou le redresser. Ps.23 :4

III. Troisième scénario

1. A l'heure du souper.

   a. Il choisit le menu et mange avec lui en présence de ses adversaires. Ps.23 :5

   b. Il le coiffe pour lui donner une nouvelle présentation au sein de la société. Ps.23 : 5

   c. Sa coupe déborde : Il a de quoi survivre et épargner. Ps. 23 :5

2. Jésus est sa pension et sa Sécurité Sociale dans ses vieux jours. Je ne craindrai rien, dit-il.

Conclusion

« L'Eternel est mon berger ». Pouvez-vous en dire autant?

Questions

1. En combien de scénarios David nous présente-t-il sa relation avec Dieu ? En trois scénarios

2. Décrivez-nous-en le premier :
    a. Dieu l'invite d'abord au repos, puis à manger et à boire au restaurant.
    b. Il le forme à l'Ecole du Dimanche et l'Etude Biblique.

3. Décrivez-nous le deuxième scénario :
    a. Pour sa croissance chrétienne, il le soumet graduellement à des épreuves.
    b. Il le discipline avec sa houlette et son bâton.

4. Décrivez-nous le troisième scénario :
    a. A l'heure du soupe, Dieu choisit lui-même le menu.
    b. Il lui donne une coiffure bien présentable.
    c. Sa coupe déborde : il a de quoi boire et économiser.
    d. L'Eternel est sa pension de retraite.

5. Dans quel scénario votre vie est-elle maintenant ?

Leçon 9
Bénédictions proportionnelles aux épreuves

Textes de base : Ps.23 :1-6
Texte à lire en classe : Ps. 90 : 10-17
Verset de mémoire : Réjouis-nous autant de jours que tu nous as humiliés, Autant d'années que nous avons vu le malheur.Ps.90 :15
Méthodes : Discours, comparaisons, questions
But : Montrer que notre vie de jeûne et de prières garantit notre bonheur en Jésus-Christ.

Introduction
On se renseigne toujours auprès du concessionnaire d'automobile sur le nombre de gallons au kilomètre brulés par l'auto qu'on veut acheter. Comment l'illustrer dans la vie spirituelle ?

I. **Ce qu'il faut de préférence considérer.**
1. Tout le plaisir de votre voyage est proportionnel aux souffrances que subissent les pneus sur l'asphalte pendant tout le trajet.
2. Les quatre pneus de votre voiture représentent vos deux mains levées pour implorer la miséricorde de Dieu et vos deux genoux qui doivent rester par terre tant que vous faites la route avec le Seigneur. He.12 : 12
3. Ici, le moteur et la transmission ne sont pas mis en question. Vous avez une belle carrosserie, c'est-à-dire un bon témoignage, mais comment allez-vous résister à l'adversité, aux mauvais propos qu'on vous lance au visage ? Ro. 12 :12
4. Sachez que vous roulez sur du vent. Il suffit d'un pneu crevé subitement pour que la vie de

tous les passagers soit mise en danger. Et vous êtes tous obligés de descendre de la voiture. Le vent ici c'est l'action du Saint-Esprit qui vous supporte dans la vie chrétienne.

Ce pneu crevé c'est un scandale, une vieille parole, qui chassent en vous le vent du Saint Esprit. Mais si vous avez un pneu de rechange, le mal est réparable. **Jésus est votre pneu de rechange, le réparateur automatique** ! David l'avait même dans la vallée de l'ombre de la mort. Soyez sûr de l'avoir avec vous. Ps. 23 : 4

Conclusion
Allô ! Votre voiture brûle de l'essence ! C'est indispensable. Vous aussi, priez sans cesse. C'est indispensable ! Surtout, soignez vos mains et vos genoux dans la prière. C'est indispensable !
1Th.5 :17 ; He.12 :12

Questions

1. Quelle est la question que pose toujours l'acheteur au concessionnaire d'automobiles ? Combien de kilomètres au gallon ?

2. Que faut-il de préférence considérer dans le voyage du chrétien ?
   a. Quand vous voyagez bien, songez que les pneus payent le prix pendant tout le trajet.
   b. Les quatre pneus de votre voiture représentent vos deux mains et vo genoux en terre pour prier.
   c. Le vent du Saint-Esprit doit fortifier vos mains et vos genoux.

3. Quel est votre pneu de rechange en cas de danger ? Jésus

4. Votre voiture a besoin d'essence de temps en temps et vous ? Vous devez prier sans cesse.

5. Cochez la meilleure réponse
   Pour s'assurer d'un bon voyage, il faut :
   a. L'air conditionné dans la voiture.
   b. Avoir le tank rempli jusqu'au bord.
   c. De bonnes musiques dans la radio.
   d. Il faut des pneus en bon état.

Leçon 10
L'Eternel est mon Berger

Textes de base : Ps.23 :1-6 ; 46 : 1-11
Texte à lire en classe : Ps.23 :1-6
Verset de mémoire : Quand on tourne vers lui les regards, on est rayonnant de joie, Et le visage ne se couvre pas de honte.ps.34 :6
Méthodes : Discours, comparaisons, questions
But : Exalter l'Eternel pour tous ses bienfaits

Introduction
« L'Eternel est mon Berger » A qui David s'adresse-t-il ?

I.   **C'est une annonce publicitaire.**
1. C'est un témoignage de sa garantie éternelle.
2. C'est un préavis à tous ceux-là qui croient lui offrir un Berger préfabriqué.
3. Que tous sachent que L'Eternel lui suffit. Et il s'explique. Ps. 23 :1
   « **Il est tout pour moi.** »
4. Il signifie que la portion que Dieu lui sert avant de sortir, suffise pour lui fournir assez d'énergie pour le travail qu'il doit fournir.
5. Le mouton est ruminant. Il doit repasser dans son estomac le repas qu'il vient de manger pour ne pas connaitre la faim.
   Le bon chrétien repasse les messages entendus du prédicateur pour bien les assimiler et ne pas connaitre la disette spirituelle. Ps.1 : 3

II. « Je prends tous les risques avec l'Eternel »

1. Hier, David était sur la montagne pour dominer après des victoires répétées. La montée avait exigé l'effort des muscles des jarrets.

2. Aujourd'hui, l'Eternel a choisi de descendre avec lui dans la vallée de l'ombre de la mort.

   a. La Vallée : C'est l'endroit où la boue, les débris et les saletés se rencontrent après la pluie.

   b. Elle représente la chute et les détresses du pécheur. David en connaissait. L'Eternel est avec lui malgré tout. Ps.46 :1

   c. La descente dans la vallée symbolise un relâchement, une inclinaison vers les choses faciles, ou la force de résistance l'abandonne.

   d. Elle ressemble à une chute graduelle, un manque d'énergie pour remonter et où il va connaitre l'angoisse et le désespoir. L'Eternel est encore avec lui.

Conclusion

Trouvez-moi un Dieu plus compétent que l'Eternel, et je le servirai.

Questions

1. Que veut dire encore « L'Eternel est mon Berger »
C'est une annonce publicitaire de David.

2. Détaillez
   a. L'Eternel est sa garantie éternelle.
   b. Il donne un préavis à tous ceux-là qui croient lui offrir un Berger préfabriqué.
   c. Ils doivent savoir que L'Eternel lui suffit.

3. Que veut dire « Il est tout pour moi » ?
Les messages de mon Pasteur sont si savoureux que j'en conserve dans ma mémoire pour les ruminer.

4. Quels sont les risques à prendre avec l'Eternel ?
On peut sans peur descendre avec lui dans la vallée de l'ombre de la mort.

5. Que symbolise cette vallée ?
Les détresses, les moments de faiblesses spirituelles, les maladies graves, les attaques des ennemis.

Leçon 11
La position du Berger

Textes de base : Ps. 16 :8 ; 23 : 1-6 ; Mt.8 :23-27 ;Mc. 16 :18 ;
Texte à lire en classe : Ps.16 :1-11
Verset de mémoire : J'ai constamment l'Éternel sous mes yeux; Quand il est à ma droite, je ne chancelle pas.Ps.16 : 8
Méthodes : Discours, comparaisons, questions
But : Dissiper les inquiétudes quand nous avons avec nous un Dieu capable et responsable.

Introduction
Il est un fait indéniable que la première personne à pratiquer un chemin c'est son constructeur. Comment vous présenter l'Eternel ?

I. **Il mesure ma route avant de m'inviter à m'y engager.**
   1. Il m'écarte des eaux troublées et impropres à ma nature.
   2. Il m'épargne des pâturages boueux qui conviennent aux cochons. Ps.23 :2

II. **Nous marchons ensemble**
   1. Le berger et la brebis sont inséparables. Quand David réclame l'Eternel pour son Berger, il exclut tout intermédiaire.
   2. Les raisons :
      a. C'est l'Eternel qui lui sert à manger et à boire. Il choisit son menu.
      b. Il est à l'avant-garde de toute éventualité.

c. C'est lui qui assure le lendemain de la brebis. Ps. 23 :6

d. L'Eternel est le pourvoyeur général.

III. Il est un Dieu prévoyant

1. Tandis que je suis près de mon problème, il est près de la solution.

   a. Avant de me plaindre de la fatigue, il m'a déjà préparé un vert pâturage

   b. Avant de me plaindre de la soif, il m'a déjà mis de l'eau en abondance. Ps.23 : 1

   c. Avant de connaitre la faim, il me sert à manger et il mange avec moi en sorte que je ne dois pas craindre les breuvages mortels. Mc. 16 : 18

   d. Avant de connaitre la peur des situations difficiles, il prépare la voie non en les éliminant, mais en me rendant invisible aux yeux des ennemis. La mer restera toujours la mer, mais la tempête doit se taire. Mt.8 :23-27

   Quand il est à ma droite, je ne chancelle pas. Ps.16 : 8

Conclusion

O Eternel, il y a d'abondante joie devant ta face !

Questions

1. Qui passe le premier par un chemin ? Celui qui l'a tracé.

2. Comment vous présenter l'Eternel ?
    a. Il mesure ma route avant de m'y inviter.
    b. Nous marchons ensemble.
    c. Il prévoit tout pour moi.

3. Pourquoi m'a-t-il choisi des eaux paisibles et de verts pâturages ?
    Le mouton ne boira jamais dans une eau troublée. Il ne mangera jamais des herbes déjà foulées.

4. Pourquoi marche-t-il toujours avec moi ?
    a. Pour être plus prêt de mes besoins.
    b. Je ne peux chuter quand il est à ma droite.

5. Trouvez les bonnes réponses.
    a. L'Eternel est mon voisin, nous nous saluons parfois.
    b. L'Eternel est mon avocat, je lui soumets toutes mes causes.
    c. L'Eternel doit être très âgé maintenant, laissez-moi de préférence, consulter un jeune ange.
    d. L'Eternel est tout pour moi.

Leçon 12
L'Eternel au commencement

Textes de base : 2S. 5 :17-25 ; Ps.23 :1-6 ; 34 :23 ; 35 :23 ;
31 :16 ; 41 : 1-11 ; 125 : 3
Texte à lire en classe : Ps.121 :1-8
Verset de mémoire : L'Éternel gardera ton départ et ton
arrivée, Dès maintenant et à jamais Ps. 121 :8
Méthodes : Discours, comparaisons, questions
But : S'assurer que l'Eternel est le propriétaire de votre vie

Introduction
Qu'on le veuille ou non, l'Eternel doit être au
commencement de tout. David l'admet.

I. Il est au commencement de sa santé :
L'Eternel est au commencement de ses besoins
primaires. Il choisit le menu convenable à sa
condition de santé et à son gout. Ps.23 :.2
1. Il s'assure de la pureté de son breuvage : Ainsi
il l'éloigne des musiques pornos et des
conversations pornos, symboles de boissons
gazeuses et de drogues très dangereuses pour
sa santé.
2. Il s'assure de la qualité de son repas. Pas de
produits manufacturés dans les médias. Ainsi il
met les bons livres, la bonne musique à sa
portée et de bons conseillers pour le guider.

II. Il est au commencement de ses adversités.
1. Il choisit ses épreuves et la voie de sa
délivrance. Ps. 34 : 23
2. Il lui évite les risques de confrontation. Il lui
évite de se courber devant les exigences de la
chair. Ps. 125 :3

3. Il arrange ses plans de bataille et choisit lui-même le challenger à la taille de sa foi. 2Sam. 5 : 17-23
4. Il s'assure de sa victoire avant la bataille. 2S.5 : 19, 23-25
5. Dans les cas d'hospitalisation, il lui applique lui-même l'anesthésie. Ps. 41 : 4, 11
6. Dans les procès, il tient la barre. Ps.35 :23

III. **L'Eternel est au commencement de sa prospérité et de sa retraite**
Un banquet, une coupe débordante, un bon compte courant, un compte d'épargne, un investissement lucratif après les luttes de la vie ; sa destinée est entre les mains de l'Eternel. Ps. 31 :16

Conclusion
Mettez l'Eternel au commencement et le drapeau de victoire flottera dans votre camp.

Questions

1. Situez l'Eternel dans la vie d David.
   a. Au commencement de ses besoins primaires
   b. Au commencement de ses adversités
   c. Au commencement de sa période de vieillesse.

2. Qu'entendez-vous par besoins primaires ?
   a. L'Eternel éloigne son cœur des conversations pornos.
   b. Il l'éloigne des produits manufacturés des médias. Il le met en contact avec les bons livres, la bonne musique et de bons conseillers.

3. Comment l'Eternel administre-t-il ses épreuves ?
   a. Il choisit ses épreuves et la voie de sa délivrance.
   b. Il lui évite les risques de confrontation.
   c. Il lui évite de se courber devant les exigences de la chair.
   d. Il arrange ses plans de bataille et choisit lui-même le challenger à la taille de sa foi.
   e. Il s'assure de sa victoire avant la bataille.
   f. Dans les cas d'hospitalisation, il lui applique lui-même l'anesthésie.
   g. Dans les procès, il tient la barre.

4. Doit-il s'inquiéter pour son assistance sociale dans ses vieux jours ?
   a. Non. Sa coupe déborde.
   b. Il a un compte courant et un compte d'épargne.
   c. Il a un investissement lucratif.
   d. Sa destinée est entre les mains de l'Eternel.

5. Que nous recommande David ? De toujours mettre L'Eternel au commencement.

Récapitulation des versets

1. Reste avec moi, ne crains rien, car celui qui cherche ma vie cherche la tienne; près de moi tu seras bien gardé. 1S.22 :23

2. Ne vous inquiétez de rien; mais en toute chose faites connaître vos besoins à Dieu par des prières et des supplications, avec des actions de grâces.Ph.4 : 6

3. Qui accusera les élus de Dieu? C'est Dieu qui justifie! Ro.8 :33

4. Heureux celui qui s'intéresse au pauvre! Au jour du malheur l'Éternel le délivre;Ps. 41 : 1

5. Mes destinées sont dans ta main; Délivre-moi de mes ennemis et de mes persécuteurs! Ps. 31 :16

6. L'Éternel est ma lumière et mon salut: De qui aurais-je crainte? L'Éternel est le soutien de ma vie: De qui aurais-je peur? Ps. 27 :1

7. O Dieu! aie pitié de moi dans ta bonté; Selon ta grande miséricorde, efface mes transgressions. Ps.51 :3

8. Quand je marche dans la vallée de l'ombre de la mort, Je ne crains aucun mal, car tu es avec moi: Ta houlette et ton bâton me rassurent.Ps. 23 :4

9. Réjouis-nous autant de jours que tu nous as humiliés, Autant d'années que nous avons vu le malheur.Ps.90 :15

10. Quand on tourne vers lui les regards, on est rayonnant de joie, Et le visage ne se couvre pas de honte.Ps.34 :6

11. J'ai constamment l'Éternel sous mes yeux; Quand il est à ma droite, je ne chancelle pas.Ps.16 : 8

12. L'Éternel gardera ton départ et ton arrivée, Dès maintenant et à jamais Ps. 121 :8

Feuille d'évaluation

1. Quelle partie de ces 12 leçons vous a le plus touché?
   a. Pour vous-même ? _____
   b. Pour votre famille? _____
   c. Pour votre Eglise? _____
   d. Pour votre pays? _____

2. Quelle est votre décision immédiatement après la classe?

   _____

5. Quelles sont vos suggestions pour l'Ecole du Dimanche :
   a._____
   b._____
   c._____

4. Questions purement personnelles :
   a. Quelle est ma contribution pour le développement de cette Eglise?

   _____

   b. Quel effort ai-je fait jusqu'ici pour améliorer sa condition?

   _____

   c. Si Jésus vient maintenant, sera-t-il fier de mes œuvres ? _____

LA TORCHE DES TORCHES

Volume 22 - Série 4

LA CONFESSION

Avant-propos

Cette série vous est dédiée pour vous mettre en garde contre les apparences. La confession n'est pas l'affaire des lâches ni des vaniteux ; c'est l'affaire des grandes âmes. C'est l'affaire des enfants de Dieu. Tandis que l'orgueilleux excuse ses erreurs et se glorifie de son mauvais agissement, le chrétien au contraire, reconnait ses péchés et les attribue à l'œuvre du diable, l'agent du mal, et il vient immédiatement à Dieu pour demander pardon. Gardez cet esprit pendant toute la durée de cette présentation dans l'espoir qu'il va vous guider dans les situations à venir.

Leçon 1
La nature de la confession

Textes de base : Ps.142 :8 ; Col. 3 :13 ; Ja.4 :16
Texte à lire en classe : Col. 3 :1-14
Verset de mémoire : Supportez-vous les uns les autres, et, si l'un a sujet de se plaindre de l'autre, pardonnez-vous réciproquement. De même que Christ vous a pardonné, pardonnez-vous aussi. Col.3 :13
Méthodes : Discours, comparaisons, questions
But : Mettre son compte spirituel à jour devant Dieu et devant les hommes.

Introduction
Pourquoi vous baignez-vous et changez-vous de vêtement chaque jour ? C'est parce que vous êtes conscient de votre besoin de propreté. Ainsi en est-il pour votre âme. D'où la nécessité de la confession.

I. Comment la définir ?
    1. Ce qu'elle n'est pas :
        a. Une récitation des péchés commis.
        b. Une démarche pour attirer les bonnes grâces d'autrui.
        c. Un acte d'audace pour déclarer une erreur.
    2. Autres considérations :
        a. La confession sans restitution est pure mascarade. La confession sans contrition est une récitation.
        b. Verser des larmes de crocodile pour préparer sa vengeance est pure hypocrisie.
        c. Dénoncer les torts d'autrui pour dissimuler les siens est pure lâcheté.

    d. Rendre service à l'offensé au lieu de confesser sa faute est pur camouflage.

3. Ce qu'elle est :
   a. C'est avouer bien humblement son tort devant la personne offensée pour obtenir son pardon.
   b. C'est vous obliger à réparer les dommages causés.
   c. C'est vous dépendre de l'offensé pour retirer votre âme de la prison. Ps. 142 :8

II. Attitude à observer.

1. Qui refuse de s'excuser doit se garder d'offenser les autres. Autrement, qu'il soit prêt pour des règlements de compte.
2. Vous ne pouvez-vous déclarer pardonné sans le consentement de l'offensé. Col.3 :13
3. Ne rendez personne responsable de votre erreur. C'est de la lâcheté.
4. Si vous avez la faiblesse de jeter la chose par terre, vous devez avoir autant de courage pour vous baisser et la ramasser.
5. Votre orgueil est la cause des réactions brutales, des ripostes et des guerres.

Conclusion

Refuser d'admettre une erreur équivaut à vouloir la recommencer. Soyez sincère dans votre confession.

Questions

1. Pourquoi vous lavez-vous au réveil ? Parce que vous sentez la nécessité d'être propre.

2. Dites ce que la confession n'est pas
    a. Ce n'est pas une récitation des péchés,
    b. Une démarche pour attirer l'attention d'autrui
        ni un acte de bravade pour montrer qu'on peut
        se confesser.

3. Quelles sont les confessions en apparence ?
    a. La confession sans restitution.
    b. Verser des larmes de crocodiles pendant qu'on
        prépare sa vengeance.
    c. Dénoncer les actes d'autrui au lieu des siens.
    d. Rendre un service à l'offensé au lieu de
        confesser son tort.

4. Comment la définir d'une manière positive ?
    a. C'est avouer humblement son tort à la
        personne offensée.
    b. C'est s'obliger ensuite à compenser les
        dommages
    c. C'est attendre l'absolution de l'offensé.

5. Quelle est l'attitude noble à observer ?
    a. Qui refuse de s'excuser doit se garder d'offenser
        les autres.
    b. Vous devez obtenir le pardon directement de la
        personne offensée.
    c. Ne rendez personne responsable de votre
        erreur.

6. Que peut-on attendre de l'offensé dans le cas où
    l'offenseur refuse de s'excuser ?
    a. Les règlements de compte. L'hostilité.
    b. Des réactions brutales et la guerre.

Leçon 2
La confession motivée par la crainte de Dieu

Textes de base : 2S.12 : 1-14 ; Ps.51 :1-21
Texte à lire en classe : 2S.12 :11-14
Verset de mémoire : Les sacrifices qui sont agréables à Dieu, c'est un esprit brisé : O Dieu! tu ne dédaignes pas un cœur brisé et contrit.Ps.51 :19
Méthodes : Discours, comparaisons, questions
But : Montrer que l'homme est désarmé d'abord devant le jugement de sa conscience.

Introduction
Les bons comme les mauvais exemples partent d'en haut. David le savait. Il a péché. Il accepte de confesser ses fautes. Comment était-il ?
I. Il souffrait d'un état d'âme coupable.
  1. L'exhortation du prophète Nathan hantait son âme. 2S. 12 : 1-4
  2. Il l'a conduit à se condamner lui-même et à prononcer sa propre sentence. 2S.12 :5-6
  3. Le petit berger parachuté au trône d'Israël est devenu coupable de deux crimes conjoints. Quelle déception au Dieu qui l'aime ? Il a peur.
II. Il se courbait devant le verdict du prophète.
  Tu es cet homme-là ! 2S. 12 : 7. Quel bruit sonore dans sa conscience !
  1. « La guerre envenimera ta maison ». 2S.12 : 10
  2. « On fera publiquement à tes femmes ce que tu avais fait en secret. » 2s.12 : 11-12
    a. C'en est trop. David confesse : « J'ai péché ! »
    b. Je n'ai pas fini encore : « D'accord, tu as péché, mais le fils qui t'est né mourra »

2S.12 : 14

c. David n'opposa aucune résistance à ce verdict. Il fit seulement appel à la pitié de l'Eternel. Ps. 51 :3

d. Il prit fait et cause pour lui-même. Il a dit : « J'ai péché contre toi seul, j'ai fait ce qui est mal à tes yeux.» Ps.51 : 6

e. Il craignit de perdre l'amitié de Dieu. Ps.51 : 13

Conclusion

Malgré ses crimes, il reste l'homme selon le cœur de Dieu parce qu'il a reconnu ses transgressions et a eu le courage de les confesser ? Qu'est-ce- qui vous empêche d'en faire autant ?

Questions

1. Qu'est-ce qui a rendu David célèbre ? Le courage d'admettre ses fautes et de les confesser.

2. Quelles furent les répercussions du verdict de Nathan à sa conscience ?
   a. Sa conscience était bouleversée.
   b. Il était réduit à prononcer son propre jugement.
   c. Il se pliait devant le verdict du prophète.
   d. Il souffrit d'avoir déplu à l'Eternel son berger.

3. Quel était le verdict du prophète ?
   a. La guerre envenimera ta maison. 2S.12 : 10
   b. On fera publiquement à tes femmes ce que tu avais fait en secret. 2s.12 : 11-12
   c. Le fils qui t'est né mourra » 2S.12 : 14

4. Comment David a-t-il réagi à ces charges ?
   a. Il disait : « J'ai péché contre toi seul, j'ai fait ce qui est mal à tes yeux.» Ps.51 : 6
   b. Il craignit de perdre l'amitié de l'Eternel

Leçon 3
La confession d'un roi infidèle

Textes de base : 1S.15 : 1-35 ; 28 :7-8
Texte à lire en classe : 1S.15 :19-30
Verset de mémoire : Voici, l'obéissance vaut mieux que les sacrifices, et l'observation de sa parole vaut mieux que la graisse des béliers.1S.15 :22b
Méthodes : Discours, comparaisons, questions
But : Rappeler à tous qu'on trompe Dieu à ses dépens.

Introduction
La réaction du roi Saul à l'exhortation du prophète Samuel va dénoncer son état d'âme. Nous allons en parler à regret.

I.   **Quelle était sa faute ?**
1. Il avait ordre de livrer bataille aux Amalécites et de les exterminer. 1S.15 : 2-3
    a. Il devait renoncer au butin de guerre : cependant, il en a fait le contraire. 1S. 15 : 9
    b. En effet, Il dressa à Carmel un monument pour vénérer une idole. 1S.15 : 12
    c. Il mentit au prophète en accusant le peuple pour les bœufs et les brebis qu'il s'était épargnés sous prétexte que c'était pour offrir des sacrifices à l'Eternel. 1S.15 : 14-15

II. **Quelle fut la sentence de l'Eternel ?**
1. Par la bouche du prophète Samuel, l'Eternel déclara :
   a. « L'Eternel apprécie mieux l'obéissance que les sacrifices.
   b. Votre désobéissance vous a conduit à la divination.
   c. Par conséquent, l'Éternel vous rejette ».
   1S. 15 : 22-23

III. **La fausse confession de Saul et ses conséquences**
1. Saul dit : « J'ai péché, mais honore moi devant les anciens de mon peuple ». 1S.15 : 30
   Il voulut faire un compromis avec le prophète pour sauver la face devant la société. Quelle audace !
   a. Samuel tua le hougan. 1S. 15 :32-22
   b. Il n'alla plus voir Saul jusqu'au jour de sa mort. 1S. 15 : 35
2. Conséquences : Dieu ne répond plus aux prières de Saul. 1S.28 : 6.
   a. Dès lors, il va à En-Dor consulter une nécromancienne. 1S. 28 :7-8
   b. Il mourut et Dieu a déjà prévu son successeur. 1S.15 :28

Conclusion
Réconciliez-vous avec votre Père par une confession sincère et la vie continuera.

Questions

1. Quelle était la faute de Saul ?
    a. Il a amassé le butin à la suite de la guerre contre les Amalécites.
    b. Il a épargné Agag, le roi des Amalécites.
    c. Il a dressé un monument à Béthel.

2. Quelle était sa sentence prononcée par le prophète Samuel ?
    Sa destitution de la royauté d'Israël.

3. Quelle était la fausse confession de Saul ?
    J'ai péché, mais honore moi devant le peuple.

4. Que fit le prophète Samuel à son tour ?
    Il égorgea Agag, le roi Amalécite.

5. Que fit encore l'Eternel ?
    Il ne répond plus aux prières de Saul.

6. Que fit Saul à son tour ?
    Il va consulter une chiromancienne à En-Dor.

Leçon 4
La confession obligée d'un roi païen

Textes de base : Da. 2 :5-10, 36-47 ; 3 : 1-29
Texte à lire en classe : Da. 3 : 28-30
Verset de mémoire : Le roi adressa la parole à Daniel et dit: En vérité, votre Dieu est le Dieu des dieux et le Seigneur des rois, et il révèle les secrets, puisque tu as pu découvrir ce secret. Da. 2 :47
Méthodes : Discours, comparaisons, questions
But : Montrer que Dieu force un roi païen à proclamer sa souveraineté.

Introduction
Qui aurait cru que l'Eternel débuterait une campagne d'Evangélisation mondiale avec pour orateur principal un roi païen ? C'était Nebucadnetsar, un roi qui croyait aux songes et aux mensonges.

I. **Son songe bouleversant :** Nul ne peut le lui expliquer sauf Daniel, un juif de la diaspora.
1. Les magiciens abdiquèrent devant l'ordre du roi consistant à lui dire son songe et à lui en donner l'explication sous peine de mort. Da. 2 : 5,10
2. Dieu révéla à Daniel le songe et son explication : Il s'agissait d'une statue qui décrivit le règne de Nebucadnetsar qui sera suivi de trois autres règnes immédiatement après le sien. Da. 2 :36-45
3. Confession du roi : Votre Dieu est le seul souverain. Da. 2 :47

II. Le songe bouleversant corrigé

1. Nebucadnetsar éleva une statue d'or massif de la tête au pied, symbole d'un règne éternel. Da. 3 : 1-2

2. Il exigea l'adoration de cette idole par tous les sujets du royaume ; dans le cas contraire, les rebelles seront livrés aux flammes. Da. 3 :4-7

III. Réaction de trois fonctionnaires du roi :

1. Les trois jeunes hébreux, Schadrac, Meschac et Abed-Nego choisirent la peine de mort plutôt que de trahir leur foi. Da. 3 :16-18

2. Le roi les fit jeter dans une fournaise ardente. Da. 3 :23

   a. En résumé, leurs bourreaux seuls périrent. Da. 3 : 22

   b. Quant à eux, ils marchaient dans le feu avec l'Ange de l'Eternel ». Da. 3 :23-25

IV. Confession du roi : Que tous dans mon royaume, reconnaissent le Dieu de ces jeunes comme le seul vrai Dieu, sinon les rebelles connaitront la peine de mort. Da. 3 :29

Conclusion

Mes frères, c'était un cas isolé. Dès aujourd'hui prenons l'Evangélisation en main.

Questions

1. Quel était le choix de l'l'Eternel pour débuter une campagne d'Evangélisation mondiale ? Un païen, le roi Nebucadnetsar.

2. D'où cela vient-il ? Par la révélation d'un songe dont Daniel lui donna l'explication.

3. Quelle fut la réflexion du roi ? Le Dieu de Daniel est le seul souverain.

4. Que fit le roi pour modifier l'explication du songe ? Il érigea une statue d'or massif et obligea tous dans son royaume à l'adorer sous peine de mort.

5. Qui a objecté à cet ordre ? Trois jeunes hébreux.

6. Que fit le roi ? Il les fit jeter dans une fournaise ardente.

7. Qu'est-il arrivé ? Le feu n'a eu aucun pouvoir sur eux. L'Ange de l'Eternel était avec eux dans le feu.

8. Quelle fut la décision du roi ? Que le Dieu de Schadrac de Meschac et d'Abed-Nego soit universellement reconnu comme le seul vrai Dieu.

Leçon 5
La confession d'un juif chrétien

Textes de base : Ac.9 : 1-18 ; 20 :24 ; 22 :4 ; Ro.1 :16 ;
1Co.15 :9 ; Ga. 2 :20 ; Ph. 3 :8
Texte à lire en classe : 1Co.15 :7-11
Verset de mémoire : Car je suis le moindre des apôtres,
je ne suis pas digne d'être appelé apôtre, parce que j'ai
persécuté l'Église de Dieu.1Co.15 :9
Méthodes : Discours, comparaisons, questions
But : Montrer comment un homme méchant trouve le
pardon et une promotion dans la cause du Seigneur.

Introduction
La conversion de Saul de Tarse était un événement à
échos assourdissants. Il croyait fermement qu'en
persécutant les chrétiens, il rendrait service à Dieu.

I.   Comment a-t-il pu changer d'avis ?
1. Il sollicita du souverain sacrificateur, un
   mandat d'arrestation pour les chrétiens de
   Damas. Ac.9 : 1
2. En route, Une lumière resplendissante le
   renversa. Et une voix lui disait : « Saul, Saul,
   pourquoi me persécutes-tu ? » Ac. 9 :3-4
   a. Il répondit : « Qui es-tu Seigneur ? »
   b. « Je suis Jésus que tu persécutes »
   c. Le Seigneur l'a aveuglé dans sa religion tel
      qu'un chrétien seul pouvait lui ouvrir les
      yeux sur le royaume de la grâce.
      Ac.9 : 17-18

3. Dès lors, Saul se mit aux ordres de son nouveau chef. Ac.9 : 6
Il utilisera toute son énergie pour défendre le Christianisme. Ac. 9 :15

II. La confession de Paul

1. « J'ai persécuté à mort cette doctrine. Ac.22 :4
2. Aujourd'hui j'ai renoncé à tout à cause de l'excellence de la connaissance de Jésus-Christ. Ph. 3 : 8
3. Néanmoins, je suis le moindre des apôtres, je ne suis pas digne d'être appelé apôtre, parce que j'ai persécuté l'Église de Dieu. » 1Cor. 15 : 9

III. Sa restitution

1. Il ne fait maintenant aucun cas de sa vie. Ac.20 :24
2. Il n'a pas honte de l'Evangile. Ro.1 :16
3. Il déclara : « Si je vis maintenant, c'est Christ qui vit en moi. » Ga. 2 :20

Conclusion

Après avoir suivi Jésus jusqu'au bout et rédigé treize épitres comme un don au Christianisme, mettons-nous ensemble pour donner à Paul un certificat de loyauté.

Questions

1. Pourquoi commentait-on sur la conversion de Saul de Tarse ? Parce qu'il persécutait les chrétiens.

2. Etait-il de mauvaise foi ? Non, Au contraire, il croyait rendre service à Dieu.

3. Comment a-t-il pu changer d'avis ?
   Tandis qu'il laissait Jérusalem muni d'un mandat pour menotter les chrétiens de Damas, il fut renversé par Jésus-Christ qui l'aveugla.

4. Quel est maintenant son nouveau statut ?
   Défenseur de l'Evangile.

5. Quelle était sa confession ?
   a. J'ai persécuté à mort cette doctrine.
   b. J'ai renoncé à tout à cause de l'excellence de la connaissance de Jésus-Christ
   c. Je suis le moindre des apôtres parce que j'ai persécuté l'Eglise de Dieu.

6. Comment a-t-il fait restitution ?
   a. Il ne fait maintenant aucun cas de sa vie.
   b. Il n'a pas honte de l'Evangile.
   c. C'est maintenant Christ qui vit en lui.
   d. Il écrivit treize épitres dans le Nouveau Testament

Leçon 6
La confession d'un leader chrétien

Textes de base : Job.1 :1-22 ; 2 :9 ; 4 :7 ; 5 :4 ; 12 :3 ;
31 : 25,35 ; 38 :1-2 ; Lu.16 : 19-22 ; He.12 :8
Texte à lire en classe : Job. 42 :1-6
Verset de mémoire : Mon oreille avait entendu parler
de toi; Mais maintenant mon œil t'a vu. C'est pourquoi
je me condamne et je me repens Sur la poussière et sur
la cendre. Job. 42 : 5-6
Méthodes : Discours, comparaisons, questions
But : Aider spirituellement et moralement les
malheureux à traverser les périodes de grandes douleurs.

Introduction
Savez-vous que beaucoup de chrétiens croient qu'on est
maudit à cause des malheurs répétés qui nous frappent ?
Ils méritent de faire un tour dans la maison de Job.

I. La maison de deuil
1. Job venait de perdre tous ses biens et même ses
   enfants. Job.1 :13-19
2. Il bénit Dieu au milieu des douleurs causées par
   ces pertes répétées. Job.1 : 20-22

II. Les réflexions dans la maison de deuil
1. Des faux amis de Job. Ils disent :
   a. Job est maudit à cause de ses péchés
      cachés. Job.4 :7
   b. En ce temps-là on ne mourrait pas jeune.
      La mort de ses enfants est un signe de
      malédiction. Job.5 :4

    c. Job se croyait un surhomme. Aujourd'hui il doit déchanter. Job. 12 : 3

2. De la femme de Job
On ne doit plus rien à Dieu. On n'a qu'à le vexer et mourir ensuite. Job. 2 : 9

3. De Job
Il refusait de croire que ses richesses étaient une récompense à sa piété. Job. 31 : 25, 35 Mais il se croyait exempt du châtiment. He.12 : 8
Il se justifiait devant ses consolateurs.Job 12 :3

III. Son expérience personnelle avec Dieu

1. Vos épreuves sont dans mon plan. Job. 38 : 1-2

2. Tout l'univers est sous mon contrôle.

3. Je n'ai jamais promis la richesse comme une récompense à la piété. Des pauvres comme Lazare seront admis dans mon ciel. Lu. 16 : 19-22

IV. Confession et réhabilitation de Job
Je me tais devant ta souveraineté. Tu m'as vaincu. Je me repens et je m'humilie platement devant ta face. Job. 42 :5-6

Conclusion
Ce Job religieux est maintenant converti. Il apprendra comment pardonner à ses faux amis y compris sa femme. Sa richesse lui est revenue au double. La leçon était bien apprise. C'est votre tour maintenant.

Questions

1. Comment beaucoup de chrétiens prennent-ils les détresses des autres ? Pour des malédictions

2. Quels exemples en avons-nous ? Expliquez
Job a perdu tous ses biens et même ses enfants, malgré tout il bénit le nom de Dieu.

3. Quelles étaient les interprétations dans cette maison de deuil ? D'abord des faux amis de Job.
   a. Job est maudit à cause des péchés cachés.
   b. Perdre tous ses enfants encore jeunes est une malédiction

4. Quelle était l'exclamation de sa femme ?
On ne doit plus rien à Dieu. On n'a qu'à le vexer et mourir ensuite.

5. Quelle était la confession de Job ?
A partir de mon expérience personnelle avec toi, Je me condamne et je me repens sur le sac et la cendre.

6. Que nous enseigne Job ? L'Eternel a donné. L'Eternel a ôté. Béni soit l'Eternel !

Leçon 7
La confession et la restitution
d'un enfant de la promesse

Textes de base : Ge. 27 : 41 ; 28 : 11-22 ; 32 : 1-30 ;
33 : 1-4 ; 35 : 1-15
Texte à lire en classe : Ge. 32 : 22-32
Verset de mémoire : Il dit encore: ton nom ne sera plus
Jacob, mais tu seras appelé Israël; car tu as lutté avec
Dieu et avec des hommes, et tu as été vainqueur. Ge. 32
: 28
Méthodes : Discours, comparaisons, questions
But : Montrer que confession sans restitution n'est que
pure mascarade.

Introduction
Connaissez-vous cet homme après ses vingt ans vécus
dans la Diaspora Mésopotamienne ? C'est Jacob !
Parlons de lui !

I.   Il est riche.
1.   Pauvre au départ, riche à la fin. Ge. 32 : 10
2. Mais il va affronter subitement la faillite :
Son frère Esaü vint à sa rencontre avec un
contingent de quatre cents hommes pour
venger le vol de son droit d'ainesse. Ge. 27 :41 ;
Ge. 32 :6

II. Quelles sont les décisions urgentes à prendre ?
1.   Jacob renonça à ses biens.
Il fit des dons coûteux à Esaü pour obtenir son
pardon. Ge. 32 : 13-15, 20
2.   Il renonça à sa famille Ge. 32 : 22-23

3. Resté seul avec sa conscience, il lui restait de renoncer à lui-même. Ge. 32 :24

III. L'intervention de Dieu.

1. Alors Dieu vint lutter avec lui toute une nuit pour le réduire à confesser ses péchés anciens et nouveaux. Ge.32 : 24
Jacob refusa de les admettre. Pourquoi ? Parce que son nom c'est son péché : voleur, menteur. Facile à **prononcer** mais difficile à **confesser**. Ge.32 :27
2. Dieu va le bénir sous un autre nom : **Israël, ami de Dieu.** Ge. 32 : 28

IV. Nouvelle situation

1. *Résultats spirituels*
   a. Il se prosterna sept fois devant son frère pour lui demander pardon. Ge. 33 : 3
   b. Il se dépouilla de ses dieux portatifs. Ge. 35 : 1-4
   c. Dès lors, ses ennemis le craignirent. Ge. 35 :5
2. *Résultats matériels*
   a. Il bâtit le monument promis à l'Eternel. Ge. 35 : 14
   b. Dieu lui donna les vraies bénédictions. Ge. 35 : 11-12

Conclusion
Confession sans restitution est nulle. Soyons vrais et sincères.

Questions

1. Combien de temps Jacob a-t-il passé dans la Diaspora Mésopotamienne ? Vingt ans

2. Dans quelle condition ? Riche

3. Que devait-il affronter ? La vengeance de son frère.

4. Que fit-il pour se protéger ?
    a. Il lui fit des dons coûteux.
    b. Il renonce à sa famille et à ses biens
    c. Il s'humilia devant son frère.

5. Que lui resta-t-il à faire? De confesser ses péchés.

6. Qui l'a obligé à le faire ? L'Eternel

7. Combien de temps dura cette opération ? Toute une nuit.

8. Comment a-t-il fait restitution à l'Eternel ?
    a. Il renonça à lui-même et à ses dieux.
    b. Il bâtit le monument promis à l'Eternel.

9. Quels en furent les résultats ?
    a. Ses ennemis le craignirent.
    b. Dieu lui donna les vraies bénédictions.

Leçon 8
Tout, sauf la confession

Textes de base : Lu. 16 : 19-31 ; He.9 :27
Texte à lire en classe : Lu.16 :23-31
Verset de mémoire : Il y aura toujours des indigents dans le pays ; c'est pourquoi je te donne ce commandement: Tu ouvriras ta main à ton frère, au pauvre et à l'indigent dans ton pays.De.15 :11
Méthodes : Discours, comparaisons, questions
But : Montrer que la repentance n'existe pas dans la conscience du méchant après la mort.

Introduction
Qu'il est triste de mourir sans Dieu ! L'histoire du riche et du pauvre Lazare le prouve bien. A noter : C'est une histoire vraie car Jésus ne cite jamais de nom dans les paraboles.

I.   **Comparons**
   1. Le riche se réjouissait chaque jour. Lu. 16 : 19
   2. Lazare couché devant sa porte, souffrait et jeûnait chaque jour. Lu.16 :21
   3. Le riche le connaissait et il l'identifiait même dans le séjour des morts. Lu.16 : 24-25
   4. Ce Lazare personnifie les minorités dans leurs besoins de pain, de logement et de soin aux regards des riches indifférents.

II. **Quand la comparaison change de camp.**
   1. Le riche eut des funérailles pompeuses et il fut enseveli.
       Lazare fut enterré sans cérémonie ni convoi.
       Cependant, Jésus a payé à l'avance son voyage

pour le ciel. Ainsi, des anges le transportèrent dans le lieu des rachetés. Lu.16 :22

2. Lazare loge à l'étage supérieur avec Abraham dans un endroit où la discrimination, les rangs, le préjugé, la ségrégation, l'argent et la couleur sont ignorés. Luc 16 : 23
    Le riche souffrit de toutes les privations tandis qu'il était en proie aux tourments. Lu.16 : 24

III. Que reste-t-il à l'homme riche ?

1. Le souvenir de sa méchanceté envers Lazare dont il sollicite **trop tard** les services. Lu.16 : 24-25
2. Le regret de n'avoir jamais investi dans les œuvres sociales. De. 15 :11
3. Le regret de savoir **trop tard** que ses cinq frères viendront certainement le rejoindre dans l'enfer. Lu.16 :27-28
4. Le jugement pour son âme sans confession, sans repentance et sans pardon devant Dieu. He. 9 :27

Conclusion

Mon ami, Lazare est à vos portes chaque jour. Evitez la désagréable surprise de cet homme riche.

Questions

1. Comment vivait le riche ? Dans l'opulence

2. Comment vivait Lazare ? Dans l'indigence

3. Comment a-t-il fait pour connaitre Lazare dans le Séjour des morts ? Il était chaque jour couché devant sa porte.

4. Que représente Lazare ? Les minorités sans personne pour les défendre.

5. Que peut-on remarquer dans le Séjour des morts ?
   a. On peut se reconnaitre mais on ne peut s'entraider.
   b. On ne peut se repentir après la mort.

6. Vrai ou faux :
   a. Les belles funérailles garantissent l'entrée au ciel. __ V __ F
   b. Si on est pauvre, on ira certainement au ciel. __ V __ F
   c. Le Séjour des morts a deux compartiments. Le lieu de bonheur et le lieu de tourments. __ V. __ F
   d. L'histoire du riche et de Lazare est une parabole. __ V __ F

Leçon 9
Réformation : La foi mise en quarantaine

Textes de base : Mt. 16 :3 ; 24 :12 ; Jn.6 :9 ; 19 :30 ; Ac.4 :9-19 ; 5 :41 ; Ro. 1 :17 ; Ep.2 :8 ; 1Ti.1 :19 ; 4 :1
Texte à lire en classe : 2Co.13 :1-5
Verset de mémoire : Examinez-vous vous-mêmes, pour savoir si vous êtes dans la foi; éprouvez-vous vous-mêmes. Ne reconnaissez-vous pas que Jésus Christ est en vous ? 2Co.13 :5
Méthodes : Discours, comparaisons, questions
But : Exhorter les chrétiens à vérifier la foi qu'ils professent.

Introduction
L'ancienneté n'affecte jamais l'authenticité d'un document. Ainsi en est-il de la foi que Dieu nous donne. Qu'en a-t-on fait au fil des ans ?

I. La foi vers l'an 33
C'était une puissance sur les apôtres
1. Pour témoigner de la résurrection de Jésus-Christ. Ac.4 :10
2. Pour faire des miracles et des prodiges en son nom. Ac.4 :9-19
3. Pour les réjouir au milieu des persécutions à cause de l'Evangile. Ac.5 :41

II. La foi en l'année 1517
C'était une révolution dans le Christianisme par la Réforme avec Martin Luther, un moine de l'Ordre des Augustins.
1. Il a bravé l'empereur Charles Quint et le Pape Leon X avec toute la cour de Rome pour

témoigner, bible en main, **que le juste doit vivre par la foi**. Ro.1 :17
2. Cette Réforme donne naissance au Protestantisme et à de grands changements dans le Catholicisme.

III. La foi de nos jours.
Elle est réduite en un principe :
1. Mécanique : On passe d'une religion à l'autre dans un but personnel.
2. Mathématique. On croit à son budget au lieu de soumettre à Jésus ses cinq pains et ses deux poissons. Jn.6 : 9
3. Politique : On croit plus aux promesses d'un candidat qu'en Christ qui a: « Tout accompli » Jn.19 :30
4. Scientifique. On croit en météo et non dans les signes précurseurs du retour de Jésus-Christ. Mt.16 :3

IV. Son devenir à l'avènement de Jésus-Christ
1. La foi du plus grand nombre se refroidira. Mt.24 :12
2. D'autres la perdront. 1Ti. 1 :19 ; 4 :1

Conclusion
La foi est la licence que Dieu nous donne. Elle est notre permis de conduire jusqu'à la porte du ciel. Gardez-la jusqu'au bout. Ep. 2 : 8

Questions

1. Comment était la foi des chrétiens vers l'an 33 ?
   Une puissance sur les apôtres
   a. Pour témoigner de la résurrection de Jésus-Christ.
   b. Pour faire des miracles et des prodiges en son nom.
   c. Pour les réjouir au milieu des persécutions à cause de l'Evangile.

2. Comment était-elle vers l'année 1517 ?
   a. Une révolution dans le Christianisme par la Réforme avec Martin Luther.
   b. Elle a donné naissance au Protestantisme.

3. Comment est-elle de nos jours ?
   a. Un principe mécanique : On passe d'une religion à l'autre dans un but personnel.
   b. Mathématique. On croit à son budget au lieu de soumettre à Jésus ses cinq pains et deux poissons.
   c. Politique : On croit mieux aux promesses d'un candidat qu'en Christ qui a « Tout accompli »
   d. Scientifique. On croit en météo et non dans les signes précurseurs du retour de Jésus-Christ.

4. Que deviendra-t-elle à l'avènement de Jésus-Christ
   a. La foi du plus grand nombre se refroidira.
   b. D'autres la perdront.

5. A quoi devons-nous comparer la foi ? A une licence que Dieu nous donne. C'est notre permis de conduire jusqu'au ciel.

Leçon 10
Thanksgiving, célébration du Dieu trinitaire

Textes de base : 1Ch.29 :10-19 ; Mt. 6 :11 ; 17 :20 ;
Lu.19 :10; Jn.16 :13 ; Ep.2 :11-14 ; 1Jn.5 :11 ;
Ap.1 : 5-6
Texte à lire en classe : 1Ch.29 :10-16
Verset de mémoire : Car qui suis-je et qui est mon
peuple, pour que nous puissions te faire volontairement
ces offrandes? Tout vient de toi, et nous recevons de ta
main ce que nous t'offrons. 1Ch.29 :14
Méthodes : Discours, comparaisons, questions
But : Encourager nos frères à rester humbles après avoir
honoré le Seigneur avec leurs offrandes.

Introduction
Je me vois aujourd'hui en train d'applaudir l'Eternel,
mon pourvoyeur, mon Sauveur et mon guide.
Comment marquer cet événement ?

I. Par une fête en l'honneur du Dieu-Providence
1. Je vais l'apprécier avec ce que j'ai reçu de sa
   main. J'ai compris qu'en dehors de lui, je n'ai
   rien et je ne suis rien. 1Ch.29 : 14
2. Ma santé, mon intelligence, mon travail, mes
   biens, ma famille, tous sont des produits de sa
   divine manufacture. Mt. 6 : 11

II. Par une fête au Dieu de la Nouvelle alliance
1. Il est venu lui-même me chercher. Lu.19 :10
2. Il a payé avec son sang le prix de mon salut.
   Ap. 1 : 5b-6
3. Il m'a intégré dans la grande famille de Dieu.
   Ep.2 : 11-14

4. Il m'a assuré la vie en lui après cette vie. 1Jn.5 :11

III. Par une fête au Dieu de la Puissance

Jésus est parti et il m'a laissé :

1. D'abord une connexion : Le Saint Esprit
   a. Je ne peux m'égarer, ni me troubler par les fausses doctrines, les religions de deuxième main et les fausses alertes sur l'avènement et le Retour de Jésus-Christ.
   b. Le Saint Esprit est là pour me conduire dans toute la vérité. Jn.16 :13
2. Ensuite la foi comme une carte de crédit pour satisfaire à tous mes besoins. Mt.17 :20
   Ainsi, avec ces deux atouts, personne ne pourra me tromper.

Conclusion

Tant pis pour vous qui ne voyez la fête d'Actions de grâces que dans la bombance. Pour moi, je me confie dans le Père, le Fils et le Saint-Esprit. Laissez-moi célébrer mes richesses avec un cœur reconnaissant.

Questions

1. Quelle est la facon particulière de fêter le Dieu-Providence ?
   a. Apprécier le Seigneur avec ce qu'il nous donne.
   b. Reconnaitre qu'en dehors de lui, on n'est rien
   c. L'apprécier pour tout.

2. Quelle est la meilleure facon de fêter le Dieu de la Nouvelle Alliance ?
   a. En célébrant sa venue pour me chercher.
   b. En célébrant mon salut payé par son sang.
   c. En célébrant ma vie assurée en Lui après cette vie.

3. Comment fêter le Saint Esprit et sa puissance ?
   En glorifiant Dieu pour sa lumière grâce à laquelle je suis conduit dans toute la vérité sans être capable de m'égarer.

4. Ne devons-nous pas faire bombance à la fête d'actions de grâces ? Oui. Il nous faut fêter ainsi le Dieu Providence, Le Dieu de la Nouvelle Alliance et la Toute Puissance.

Leçon 11
Le Christianisme par rapport aux Religions

Textes de base :   Ge. 3 :9 ; Es.45 :22 ; Mt.16 :18 ;
Mc.16 :17-18 ; Lu.19 :10 ; Jn.1 :14 ; 3 :16 ; 5 :39 ; 14 :6 ;
19 :30 ; Ep.2 :8-9 ; Ph.2 :13 ; Col.2 :9 ; 1Jn.4 :8
Texte à lire en classe : Mc.9 :38-41
Verset de mémoire : Qui n'est pas contre nous est pour
nous. Mc.9 :40
Méthodes : Discours, comparaisons, questions
But : Déclarer ouvertement que Jésus n'a fondé aucune
religion. Il est et demeure le Sauveur du monde.

Introduction
Allô mon ami, sans vouloir faire une apologie du
Christianisme, je m'en voudrais de ne pas l'opposer à
toute religion.

I.   **Les religions dans leur essence :**
1.   C'est l'effort de l'homme pour s'élever vers
     Dieu. Le Christianisme au contraire, c'est
     l'effort de Dieu pour retrouver l'homme perdu.
     Ge. 3 :9 ; Es. 45 : 22 ; Lu.19 :10
2.   Pour cela, Christ s'est fait chair pour habiter
     parmi nous. Jn.1 : 14
     Comparons :
     a.   Aucun fondateur de religion n'est mort
          pour ses adhérents. Jn.3 :16
     b.   Aucun d'eux n'est mort et ressuscité.
          Lu.24 : 5-7
     c.   Aucun n'était annoncé et n'a pu dire
          enfin, « Tout est accompli ». Jn.19 :30
     d.   Aucun d'eux n'a pu être parfaitement
          homme et parfaitement Dieu. Col 2 :9

e. Aucun d'eux n'a pu donner une preuve de continuité par le Saint-Esprit par des miracles et des prodiges. Mc. 16 : 17-18

3. En dehors des Saintes Ecritures aucune religion avec leurs écrits ne préconise la vie éternelle à ses adhérents. Jn 5 : 39 ; 14 :6

4. Jésus-Christ bâtit son Eglise et non une religion et aucune force visible ou invisible ne pourra la détruire. Mt. 16 : 18

5. Jésus prône
   a. L'amour qui est lui-même 1Jn.4 : 8
   b. Le salut par grâce Ep.2 : 8
   c. Le salut par le moyen de la foi et non par les œuvres. Ep. 2 : 9
   d. C'est le Saint Esprit qui va produire en nous le vouloir et le faire selon son bon plaisir. Ph.2 :13.

Conclusion

Au dernier jour, toutes les religions disparaitront. Cependant, l'Eglise de Jésus-Christ va demeurer et aucune force ne saurait prévaloir contre elle. Religion ou Christianisme, quel est votre choix ?

Questions

1. Quel est le but des religions ?
   Atteindre Dieu par des efforts personnels.

2. Qu'est-ce-que le Christianisme ?
   C''est l'effort de Dieu pour retrouver l'homme perdu.

3. Comment comparer Jésus-Christ aux fondateurs de Religions ?
   a. Jésus-Christ est mort pour tous, juifs et païens.
   b. Lui seul est ressuscité après sa mort.
   c. Lui seul pouvait parapher notre acte de rédemption en disant « Tout est accompli ».
   d. Lui seul est parfaitement homme et parfaitement Dieu.
   e. Lui seul a établi une œuvre et une preuve de continuité par le Saint-Esprit par des miracles et des prodiges.

4. A-t-il bâti une religion ? Non. Il a bâti son Eglise, L'Eglise universelle

5. Que va-t-il faire des religions ? On n'en parlera plus Cependant, l' Eglise de Jésus-Christ va demeurer.

Leçon 12 Noël : Car un enfant nous est né

Textes de base : Es.9 : 5-6 ; Mt.1 :21 ; 11 :28 ; Lu.17 : 11-14 ; Jn.1 ;1 ; 3 :16, 35 ; 5 : 5-11 ; 8 : 10-11 ; Ro.8 :17 ; 1Jn.3 : 8 ; 5 :19

Texte à lire en classe : Es. 9 :5-6

Verset de mémoire : Car un enfant nous est né, un fils nous est donné, Et la domination reposera sur son épaule; On l'appellera Admirable, Conseiller, Dieu puissant, Père éternel, Prince de la paix. Es. 9 : 5

Méthodes : Discours, comparaisons, questions

But : Présenter la Noël comme le Messie annoncé pour le salut du monde

Introduction

La conjonction **CAR** établit la charnière entre l'Ancien et le Nouveau Testament. Voyons ce qu'il implique dans la prophétie biblique.

I. **Car implique l'entrée de Jésus-Christ dans l'histoire du monde.**

　　1. Un enfant nous est né : C'est un cadeau à l'humanité

　　　　a. Il apporte l'espoir du salut pour tous. Mt. 1 :21 ; 11 :28

　　　　b. Marie a accouché **Jésus** mais non pas **Dieu** le créateur du monde. Jn.1 :1

　　2. Un fils nous est donné

　　　　a. C'est le Messie, notre Sauveur. Jn.3 :16

　　　　b. C'est l'héritier de Dieu et nous sommes ses cohéritiers. Jn.3 :35 ; Ro.8 :17

II. **Quel est son héritage ?**

　　1. Il hérite une cause : La succession du péché d'Adam qu'il doit gérer.

Il doit détruire les œuvres du Diable et nous tirer de ses griffes. 1Jn.3 :8b ; 5 :19
2. Il doit :
   a. Réhabiliter la femme dans la société. Jn.8 : 10-11
   b. Guérir les maux incurables. Lu.17 :11-14
   c. Inspirer des Institutions de bienfaisance. Jn. 5 : 5-11

III. Quel est le bénéfice pour notre salut ?
1. Ce qu'elle n'est pas.
   a. Les dépenses comme des fous dans les décorations des arbres de Noël.
2. Les dépenses en cadeaux aux amis au nom de Jésus qui n'en reçoit pas.
3. Ce qu'elle est :
   a. C'est la réconciliation de l'homme pécheur avec notre Père qui est aux cieux. 2Co.5 :19
   b. C'est la Liberté Totale. Jn.8 :36
   c. C'est l'accès retrouvé à **notre première demeure.** Jn.14 :6

Conclusion
Laissez-les hommes se gaver dans leur festin ; laissez-les chamailler sur la date de la venue de Christ sur la planète. Pour vous, ouvrez lui l'étable de votre cœur. L'Etoile de Bethléem vous éclairera.

Questions

1. Que représente la conjonction **CAR** dans cette prophétie ? Une charnière entre l'Ancien et le Nouveau Testament.
2. Que veut dire : « Un Enfant **nous** est né » ?

C'est le cadeau de Dieu pour le salut de l'humanité.

3. Que veut dire « Un **Fils** nous est donné?
   a. C'est le Messie, notre sauveur. Jn.3 :16
   b. C'est l'héritier de Dieu dont nous sommes les cohéritiers.

4. Expliquez :
   Marie a accouché Jésus, mais elle n'a pas accouché Dieu. Dieu existe avant Marie, avant la fondation du monde.

5. Quel est l'héritage de Jésus-Christ ici-bas ?
   La cause d'Adam : Il doit nous tirer des griffes de Satan.

6. Quel sera son projet de société ?
   a. Réhabiliter la femme dans la société.
   b. Guérir les maux incurables.
   b. Inspirer des Institutions de bienfaisance

7. Quel en est le bénéfice pour notre Salut ?
   a. C'est la réconciliation avec notre Père.
   b. C'est l'accès retrouvé à notre première demeure.

8. Et que dire des dépenses festives pour la Noël ?
   a. Elles font seulement partie du quotidien de l'homme.
   b. Elles font l'affaires des maisons de commerce.
   c. C'est pure moquerie que d'offrir des cadeaux aux amis au nom de Jésus qui n'en reçoit pas.

Récapitulation des versets

1. Supportez-vous les uns les autres, et, si l'un a sujet de se plaindre de l'autre, pardonnez-vous réciproquement. De même que Christ vous a pardonné, pardonnez-vous aussi. Col.3 :13

2. Les sacrifices qui sont agréables à Dieu, c'est un esprit brisé : O Dieu! tu ne dédaignes pas un cœur brisé et contrit.Ps.51 :19

3. Voici, l'obéissance vaut mieux que les sacrifices, et l'observation de sa parole vaut mieux que la graisse des béliers.1S.15 :22b

4. Le roi adressa la parole à Daniel et dit: En vérité, votre Dieu est le Dieu des dieux et le Seigneur des rois, et il révèle les secrets, puisque tu as pu découvrir ce secret. Da. 2 :47

5. Car je suis le moindre des apôtres, je ne suis pas digne d'être appelé apôtre, parce que j'ai persécuté l'Église de Dieu.1Co.15 :9

6. Mon oreille avait entendu parler de toi; Mais maintenant mon oeil t'a vu. C'est pourquoi je me condamne et je me repens Sur la poussière et sur la cendre. Job. 42 : 5-6

7. : Il dit encore: ton nom ne sera plus Jacob, mais tu seras appelé Israël; car tu as lutté avec Dieu et avec des hommes, et tu as été vainqueur. Ge. 32 : 28

8. Il y aura toujours des indigents dans le pays; c'est pourquoi je te donne ce commandement: Tu ouvriras ta main à ton frère, au pauvre et à l'indigent dans ton pays.De.15 :11

9. Examinez-vous vous-mêmes, pour savoir si vous êtes dans la foi; éprouvez-vous vous-mêmes. Ne reconnaissez-vous pas que Jésus Christ est en vous ? 2Co.13 :5

10. Car qui suis-je et qui est mon peuple, pour que nous puissions te faire volontairement ces offrandes? Tout vient de toi, et nous recevons de ta main ce que nous t'offrons. 1Ch.29 :14

11. Qui n'est pas contre nous est pour nous. Mc.9 :40

12. Car un enfant nous est né, un fils nous est donné, Et la domination reposera sur son épaule; On l'appellera Admirable, Conseiller, Dieu puissant, Père éternel, Prince de la paix. Es. 9 : 5

Feuille d'évaluation

1. Quelle partie de ces 12 leçons vous a le plus touché?
   a. Pour vous-même ? _____
   b. Pour votre famille? _____
   c. Pour votre Eglise? _____
   d. Pour votre pays? _____

2. Quelle est votre décision immédiatement après la classe?

   _____

6. Quelles sont vos suggestions pour l'Ecole du Dimanche :
   a._____
   b._____
   c._____

4. Questions purement personnelles :
   a. Quelle est ma contribution pour le développement de cette Eglise?

      _____

   b. Quel effort ai-je fait jusqu'ici pour améliorer sa condition?

      _____

   c. Si Jésus vient maintenant, sera-t-il fier de mes œuvres ? _____

Glossaire

Antiquaire	n	Commerçant d'achat d'objets d'art anciens
Arithmétique	n.f	Etude des nombres entiers et rationnels
Aspiration	n.f	Mouvement vers un idéal, un but
Axer	v.t	Organiser autour d'une idée essentielle
Braver	v.t	Défier. Affronter sans peur
Broyer	v.t	Ecraser
Camouflage	n.m	Dissimulation, déguisement
Capituler	v.i	Céder. Se rendre à l'ennemi
Challenger	n.m	Athlète défiant le détenteur d'un titre
Chamailler (se)	v.pr	Se disputer pour des raisons futiles
Chantre	n.m	Membre de la chorale
Cribler	v.t	Percer de trous nombreux
Débourser	v.t	Dépenser
Décimer	v.t	Exterminer
Décisionnel	adj	Relatif à une décision
Décompte	n.m	Déduction sur un compte que l'on solde
Déconcertant	adj	Surprenant
Discrimination	n.f	Différence, distinction
Disqualifie	v.t	Exclure d'un concours pour infraction
Ecrouler (s')	v.pr	S'effondrer, être détruit, anéanti
Egocentrisme	n.m	Jugement de tout par rapport à ses intérêts
Enclin	adj	Sujet à
Enthousiasme	n.m	Excitation, passion

Exonérer	v.t	Dispenser d'une obligation fiscale
Expertise	n.f	Estimation constatée par un expert
Exploit	n.m	Action mémorable
Fantassin	n.m	Militaire de l'infanterie. Qui combat a pied
Gendre	n.m	Epoux de la fille par rapport au père et à la mère
Hospitalité	n.f	Action d'héberger quelqu'un chez soi
Incarnation	n.f	Mystère de Dieu fait homme en J.C.
Incirconcis	n.m	Païen
Intendant	n.m	Comptable
Jusqu'au-boutiste	adj. n	Qui manifeste sa volonté d'aller jusqu'au bout
Logique	n.f	Manière de raisonner juste
Loyauté	n.f	Qui obéit aux lois de l'honneur
Lucratif	adj	Qui rapporte du profit
Mascarade	n.f	Déguisement étrange accoutrement ridicule
Médiation	n.f	Arbitrage
Moule	n.m	Modèle imposé
Moyen du bord		Ce dont on peut disposer immédiatement
Obstination	n.f	Entêtement, persévérance
Pertinente	adj	Approprié
Pétrin	n.m	Appareil dans lequel on pétrit la pâte à pain
Plaidoirie	n.f	Expose oral d'un avocat visant ds une affaire
Planificateur	n.m	Organisateur
Platement	adv	De facon basse, servile

Porno	adj	Représentation de détails obscènes
Portée	n.f	accès à
Postérité	n.f	Ensemble des générations futures
Pourvoyeur	n.m	Personne qui approvisionne
Préfabriqué	adj	Préparé à l'avance
Prévisionnel	adj	Qui se fonde sur des prévisions
Prime	n.f	Récompense
Primesautier	adj	Qui manifeste de la spontanéité
Publicitaire	adj	Qui concerne la publicité
Réaliste	adj	Qui a l'esprit pratique
Rivage	n.m	Bande de terre qui borde la mer
Ruminer	v.t	Remâcher les aliments ramenés de la panse
Scénario	n.m	Récit
Sine qua non	loc ad	Indispensable
Stagnant	adj	Qui ne coule pas, qui ne fait aucun progrès
Style	n.m	Manière particulière d'exprimer sa pensée
Surhomme	n.m	Être humain pourvu de dons exceptionnels
Tamiser	v.t	Passer au tamis pour séparer certains éléments
Tergiversation	n.f	Hésitation
Verdict	n.m	Avis. Jugement rendu en une matière qcq
Vulgaire	adj	Bas, grossier

Table des matières

Page Des Abonnés

Depuis l'année 1995, j'étais exposé aux influences de la Torche quand l'ouvrage était présenté sous forme de feuilleton. J''ai pu découvrir sa valeur inégalée jusqu'ici, dans le domaine de l'Education chrétienne. C'est un cadeau du ciel pour notre monde évangélique. Toute la gloire à notre Dieu.
New Vision Philadelphia Church of God
Pasteur Hénock Chéry

Pasteur Renaut, vos livres n'ont pas de prix. Que le Seigneur continue à vous utiliser pour le bonheur de nos Eglises et pour sa plus grande gloire.
Pasteur Joanès Martin

La Torche Brûlante nous sensibilise en vue de propager la Parole en toute occasion, malgré la dureté du terrain et l'immensité de la tâche.
Michel Eugène

La Torche Brûlante est un patrimoine évangélique pour les futures générations. Grace à sa profondeur théologique, biblique et évangélique, La Torche constitue un héritage incontesté pour nos pasteurs, pour les Eglises, et nos familles dans les différents aspects de la vie chrétienne.
Me. Eutrope Samson

La Torche Brûlante a totalement révolutionné l'enseignement dans nos Ecoles du Dimanche et dans nos vies personnelles. Béni soit l'Eternel !
Eglise Baptiste Bethléem, Riviera Beach, Floride
Pasteur Elisner Chevelon

Je tiens à exprimer ma profonde gratitude pour la collection incroyable de « La Torche Brûlante ». Elle m'a permis de découvrir une nouvelle perspective du monde évangélique et même dans ma propre vie.
Merci du plus profond de mon cœur.

Rev.Pasteur J. P. George Lahens
Gestionnaire/Professeur de carrière

Pasteur Renaut,
Je remercie Dieu pour « La Torche Brûlante » dont la profondeur accroit ma compréhension et mon amour pour la Parole de Dieu et je peux témoigner que ces écrits inspirés changent complètement le paradigme dans notre communauté évangélique.
Pasteur, que votre récompense soit grande dans les cieux et partout.

Haitian Christian Ministry, Arizona
Pasteur Abner Lamy

La Torche Brûlante est un outil excellent pour la croissance Chrétienne dans nos Eglises. Il s'impose par la qualité et la profondeur de ses enseignements émis dans un style clair et limpide, pour faciliter l'Ecole du Dimanche, la dévotion familiale, le mécanisme dans présentation des Etudes Bibliques et dans la préparation des sermons. Tous nos remerciements à ce serviteur et toute la gloire à notre Dieu

Eglise des Frères Haïtiens, Miami
Pasteur Ilexène Alphonse

Révérend Renaut Pierre-Louis

Esquisse biographique

Pasteur de l'Eglise Baptiste à Saint Raphael.   1969
Diplômé du Séminaire Théologique Baptiste d'Haïti, 1970
Diplômé de l'Ecole de Commerce Julien Craan,   1972
Professeur de langues vivantes au Collège Pratique
du Nord au Cap-Haitien   1972
Pasteur de la Première Eglise Baptiste au Cap-Haitien, 1972
Pasteur de l'Eglise Redford, Cité Sainte Philomène,   1976
Diplômé de l'Ecole de Droit du Cap-Haitien,   1979
Fondateur du Collège Redford et de l'Ecole
Professionnelle ESVOTEC   1980

Pasteur militant depuis 54 ans, avocat, poète, écrivain, dramaturge, ce serviteur du Seigneur vous revient aujourd'hui avec « **La Torche Brûlante** », un ouvrage didactique, de haute portée théologique qui a déjà révolutionné le système d'enseignement dans nos Ecoles du Dimanche et dans la présentation du message de l'Evangile.

Encore une fois, pasteurs de recherche, prédicateurs de réveil, moniteurs de carrière, chrétiens éveillés, prenez « La Torche » et passez-la. 2 Tim.2 : 2

Pour toutes informations et pour vos commandes, adressez-vous à

Peniel Haitian Baptist Church
P.O. Box 100323
Fort Lauderdale, FL 33310
Phone : 954- 525-2413
Cell : 954- 242-8271

Website : www.theburningtorch.net
e-mail : renaut@theburningtorch.net
e-mail : renaut_cyrille@hotmail.com

www.ingramcontent.com/pod-product-compliance
Lightning Source LLC
Chambersburg PA
CBHW060230030426
42335CB00014B/1393